Wie **WIR** *leben*
WOLLEN

Lucy Gasser, Anna von Rath

MACHT SPRACHE

EIN MANIFEST FÜR MEHR GERECHTIGKEIT

Ullstein

Besuchen Sie uns im Internet:
www.ullstein.de

Wir verpflichten uns zu Nachhaltigkeit

- Papiere aus nachhaltiger Waldwirtschaft und anderen kontrollierten Quellen
- Druckfarben auf pflanzlicher Basis
- ullstein.de/nachhaltigkeit

Ein Buch der Ullstein-Reihe *Wie wir leben wollen*,
herausgegeben von Silvie Horch

FSC
www.fsc.org
MIX
Papier | Fördert gute Waldnutzung
FSC® C021394

Ullstein ist ein Verlag der Ullstein Buchverlage GmbH
1. Auflage 2024
ISBN: 978-3-550-20291-9

Covergestaltung: Marion Blomeyer, Lowlypaper, München
Autorinnenfoto: © Michelle Rue

Gesetzt aus der FreightText Pro
Satz: Arnold & Domnick GbR, Leipzig
Druck und Bindearbeiten: ScandBook, Litauen

Manifest, das

Substantiv

Dokument, das den unzulänglichen Status quo kritisiert und darauf abzielt, Veränderung in der Welt herbeizuführen

INHALTSVERZEICHNIS

Inhaltliche Anmerkung:

In diesem Buch geht es um Sprache und Diskriminierung. Wir erklären viele diskriminierende Mechanismen, die hinter einzelnen Begriffen stehen. Dabei werden einige dieser Wörter wiederholt. Wir haben uns bemüht, das Nennen von verletzenden Begriffen so gering wie möglich zu halten. In vielen Fällen haben wir betreffende Ausdrücke entweder abgekürzt oder durchgestrichen, um anzuzeigen, dass sie problematisch sind. Dennoch bitten wir alle Leser*innen, auf sich selbst zu achten.

VORWORT

Wir sitzen mit der Familie am Tisch und essen. Eins der Kinder hat die neueste Ausgabe von Jim Knopf und die Wilde 13 _geschenkt bekommen. »Kein N-Wort mehr auf Lummerland«, freut sich ein*e Cousin*e.[1] Ich möchte gerade ergänzen, dass stereotype Beschreibungen insgesamt reduziert wurden, als einige Verwandte rufen: »Da hat die Sprachpolizei mal wieder durchgegriffen.« Und: »Das ist doch Zensur!« Plötzlich reden alle durcheinander. Die Stimmung kippt. Ich versuche, die Argumente für sprachliche Anpassungen in Kinderbüchern in meinem Kopf zu sortieren und mich konstruktiv ins Gespräch einzubringen. Doch immer wieder fällt mir irgendwer ins Wort. Und ich falle ihnen ins Wort. Wir werden laut, reden aufeinander ein und aneinander vorbei, bis meine Eltern den Nachtisch holen und das Thema gewechselt wird. Eine gewisse Unzufriedenheit bleibt in der Luft._

Das Meeting beginnt, und ein Mann hält einen ausführlichen Monolog. Wie er spricht, trägt dazu bei, dass er ernst genommen wird. Der Bariton seiner Stimme, seine Worte und sein Akzent werden geschätzt und als richtig empfunden. Was er sagt, ist gar nicht so wichtig. Wie er es sagt, ist ausschlaggebend. Seine Selbstsicherheit lässt die Zuhörenden nicken. Was er sagt, ergibt eigentlich keinen Sinn. Es ist Quatsch. Ich sollte darauf hinweisen. Aber wie? Wenn ich spreche, fallen *mir nicht immer sofort die richtigen Worte ein, und deshalb werde ich für inkompetent gehalten. Ich lächle, um meine Kritik abzumildern, was mir als Schwäche ausgelegt wird. Meine Stimme ist ein Sopran, der als schrill gilt. Ich beende meinen Satz mit einem Fragezeichen, um in den Dialog zu gehen, aber meine Intention wird als Unsicherheit gedeutet. Ich weiß, dass ich nicht ernst genommen werde. Am Ende des Meetings kommt der Mann zu demselben Schluss wie ich. Trotzdem denken alle, unser innovativer Plan käme von ihm. Ich werde beauftragt, Dokumente für ihn vorzubereiten, obwohl wir eigentlich gleichrangige Positionen haben.*

Wir schreiben dieses Buch zu zweit und haben beide schon mehrfach verschiedene Versionen der zuvor beschriebenen Szenarien erlebt. In sozialen Kontexten, mit der Familie, bei der Arbeit oder mit Freund*innen, haben wir uns schon häufig in Gesprächen wiedergefunden, die in Streit ausarteten, weil die Beteiligten nicht über ein gemeinsames Vokabular für die besprochenen Themen und die dazugehörigen Konzepte verfügten. In solchen Fällen führten die Diskussionen nicht zu einer echten Auseinandersetzung über den Zusammenhang von Sprache und ungerechter Realität. Stattdessen fransten sie meistens irgendwann in diffuse und unvereinbare Richtungen aus und der Eindruck entstand, wir würden über unterschiedliche Dinge reden.

In solchen Situationen kommt es wiederholt dazu, dass uns nicht zugehört wird, wenn wir uns auf eine Art und Weise ausdrücken, die als weiblich verstanden wird. Wer ernst genommen werden möchte, muss offenbar bestimmte Kriterien erfüllen, und einige davon haben mit der Wortwahl und der Sprechweise zu tun. Diese Kriterien gelten als allgemein bekannt, auch wenn sie selten konkret benannt werden. Sie gelten als universell, auch wenn sie spezifisch sind. Manche dieser Kriterien beziehen sich auf Gender. Andere, wie wir aus eigener Erfahrung wissen, auf Klasse oder Nationalität. Wir hatten beide das Privileg einer universitären Ausbildung, aber wir haben die Uni oft als befremdlichen Ort wahrgenommen, weil wir nicht mit den vorausgesetzten Verhaltensweisen inklusive eines bestimmten Vokabulars aufgewachsen sind. Wir saßen in Seminarräumen, in denen Kommiliton*innen Begriffe, Konzepte und Namen von Theoretiker*innen erwähnten, die nichts mit den Texten, die wir für die Lehrveranstaltungen lesen sollten, zu tun hatten. Manchmal, aber nicht immer, kam uns ein Name vage bekannt vor, aber wir hätten kein Zitat oder ausformuliertes Argument anbringen können. Obwohl wir vorbereitet ins Seminar kamen, schienen viele andere, passendere Voraussetzungen zu haben – oder sie waren zumindest in der Lage, so zu tun.

Für eine von uns ist Deutsch eine Zweitsprache, die oft wenig einladend ist. Termine bei Ärzt*innen oder Behörden vermitteln den Eindruck, dass Gesprächspartner*innen auf dich herabschauen, wenn du nicht »korrekt« Deutsch sprichst. Wenn du die bürokratische Sprache nicht verstehst, die dir sagt, was du tun sollst, kann die Annahme entstehen, du seist unfähig, den Instruktionen zu folgen. Manchmal reagieren Leute dann herablassend oder sprechen lauter, damit du sie besser verstehst. Beides ist unangenehm. Beides gibt dir das Gefühl, fehl am Platz zu sein.

In anderen Situationen erlebten wir Sprache als wirksames Werkzeug, mit dem wir diskriminierende Strukturen benennen können. Dafür danken wir den Denker*innen, die uns mit nützlichem Vokabular und Konzepten ausgestattet haben. Einen Begriff für etwas zu haben kann ermöglichen, ein Erlebnis nicht mehr als Einzelfall, Ausnahme oder unglücklichen Zufall zu verstehen, sondern als Teil von größeren Strukturen. Ein Beispiel dafür wäre »Manspreading«, um zu beschreiben, dass Männer manchmal überproportional viel Raum einnehmen – wenn sie viel Redezeit für sich beanspruchen, so wie in dem zuvor beschriebenen Meeting, oder physisch, wenn sie breitbeinig in einer U-Bahn sitzen und ohne Rücksicht auf die Person neben ihnen mehr als einen Sitzplatz vereinnahmen. Manspreading ist in einer patriarchalen Gesellschaft keine Seltenheit. Bevor das Phänomen benannt wurde, wirkte es auf diejenigen, denen auf diese Weise Raum genommen wurde, vielleicht wie ein schwammiges Gefühl. Vielleicht stellten sie sich selbst und das Gefühl infrage. Jetzt, wo Manspreading einen Namen hat, kann ein Gespräch darüber entstehen, wie unterschiedlich sich Menschen verschiedener Geschlechter im öffentlichen Raum bewegen (können).

Wir haben Sprache im Verlauf unseres Lebens manchmal als ausschließend empfunden. In anderen Fällen hat uns neues Vokabular gestärkt. Daraus folgte der Wunsch nach einer bewussteren Auseinandersetzung mit Sprache und Diskriminierung: Sprache kann diskriminierend sein – und mit Sprache kann diskriminiert werden. Wie unsere Auseinandersetzung mit dieser Thematik aussieht, hat auch viel mit unseren persönlichen Erfahrungen zu tun. Denn unsere Biografien, wie eigen und speziell sie auch sein mögen, fügen sich in größere historische Zusammenhänge und Machtgefüge ein.

Wir erleben weiterhin regelmäßig herausfordernde Gespräche im privaten oder beruflichen Umfeld über das Gendern oder über rassistische und klassistische Sprache. In den vergangenen Jahren fügten wir unserem Werkzeugkasten für derartige Diskussionen jedoch zahlreiche Begriffe und Konzepte hinzu. Im Rahmen verschiedener Projekte, auf die wir später noch eingehen, hatten wir die Gelegenheit, unsere Auseinandersetzung zu intensivieren und unsere Überlegungen weiterzuführen. Darauf basiert dieses Buch. Wir möchten hier einige dieser Werkzeuge für eine diskriminierungskritische Sprachpraxis vorstellen.

Die Perspektive, die wir in diesem Buch auf Fragen rund um Diskriminierungskritik teilen, ist durch unsere Positionierungen eingeschränkt. (Was wir mit Positionierung meinen und wie wir mit entsprechenden Markierungen in diesem Buch umgehen, erklären wir ausführlich im 1. Kapitel.) Daraus leiten wir die Verpflichtung ab, über unsere eigenen Positionierungen hinauszudenken, uns auf weitere Perspektiven einzulassen und von ihnen zu lernen. Dabei werden wir unweigerlich Fehler machen. Als *weiße*[I] Frauen nehmen wir die Kritik am *weißen* Feminismus von feministischen Denkerinnen wie Sara Ahmed, bell hooks und Chandra Talpade Mohanty ernst, dass es Schaden anrichten kann, Diskriminierung nur unter den Aspekten zu betrachten, die uns persönlich betreffen. Deshalb bemühen wir uns, intersektional zu denken und Diskriminierungsformen mit in unsere Überlegungen einzubeziehen, von denen wir selbst nicht direkt betroffen sind. Aber wie sehr wir uns auch anstrengen, werden wir die Kluft, die zwischen angelesenem Wissen und gelebten Erfahrungen existiert, nicht überbrücken können. Unsere Bemühungen stellen einen fortlaufenden Prozess dar, der nie vollständig abgeschlossen sein wird. Das Lernen geht weiter.

Wir hoffen, mit diesem Buch einen Beitrag zu einer produktiven Diskussionskultur über diskriminierungskritische Sprache zu leisten. Die Arbeit, auf diskriminierende Strukturen aufmerksam zu machen, sollte nicht nur den Menschen aufgebürdet werden, die am meisten unter ihnen leiden. Nur weil wir Frauen sind, wollen wir nicht immer die Männer in unserem Umfeld über Sexismus aufklären müssen. Nur weil eine Person mit einem Rollstuhl unterwegs ist, muss nicht sie es sein, die das Verkehrsunternehmen darauf aufmerksam macht, dass die Straßenbahn nicht barrierefrei ist. Diese Arbeit können alle Mitglieder einer Gesellschaft leisten, wenn sie diese gerechter gestalten möchten.

I Die Schreibweise von »weiß« – klein und kursiv – erläutern wir in Kapitel 15 »Verschiedene Schreib- und Sprechweisen«.

Uns beschäftigen die verschiedenen Dimensionen sprachlicher Diskriminierung schon seit vielen Jahren, und wir haben in den folgenden Kapiteln einige unserer wichtigsten Erkenntnisse und Strategien sowie konkrete Beispiele für einen konstruktiven Umgang mit diesem Problem zusammengestellt. Besonders wichtig für unsere Überlegungen waren zwei Projekte: 2019 gründeten wir *poco.lit.*, ein bilinguales Onlinemagazin für postkoloniale Literatur – also Bücher über die andauernde Wirkung des europäischen Kolonialismus. Unser Interesse für diese Art von Literatur entspringt einer Liebe für das Geschichtenerzählen, aber auch persönlichen oder familiären Verbindungen mit verschiedenen (post)kolonialen Kontexten wie Deutschland, Kanada, Indien oder Südafrika. Unser Interesse konnten wir während unseres Studiums vertiefen, das uns Begrifflichkeiten für Phänomene lieferte, die wir dort, wo wir aufwuchsen oder zeitweise wohnten, wahrgenommen hatten, aber vorher nicht benennen konnten – etwa »Siedlungskolonialismus«, also die Inbesitznahme von verschiedenen Territorien durch europäische Kolonialist*innen mit der Absicht, dort zu bleiben. Wir trafen uns an einer deutschen Uni, doch nur für eine von uns ist Deutsch die Erstsprache, für die andere Englisch. Mit *poco.lit.* wollten wir einen digitalen Ort schaffen, der beide Sprachen umfasst und Interessierten im deutschen Kontext und darüber hinaus einen vergleichsweise niedrigschwelligen Zugang zu den Ideen und Konzepten des Postkolonialismus ermöglicht, da wir selbst erlebt hatten, wie ausschließend die elitäre Sprache rund um diese Thematik sein kann. Unsere persönlichen Erfahrungen und die Arbeit an *poco.lit.* erklären, warum wir in diesem Buch häufig neben deutschsprachigen auch englischsprachige Beispiele heranziehen und globale Verbindungen betrachten. Ein bilinguales Onlinemagazin herauszugeben verdeutlichte uns das Ausmaß der Herausforderungen in Bezug auf Sprache und Diskriminierung, das weitaus größer ist, als wir zuvor gedacht hatten. Wir stießen immer wieder an unsere Grenzen.

Infolgedessen starteten wir 2021 zusammen mit zwei weiteren Kollegen das Projekt macht.sprache. (macht-sprache.de). Die Web-App bietet einen Raum für den kollaborativen Aufbau von Wissen für eine diskriminierungskritische Übersetzungspraxis zwischen Englisch und Deutsch. Nutzer*innen können diskriminierende Begriffe und weniger diskriminierende Alternativen sammeln, diskutieren und bewerten. Dieses Wissen fließt in ein digitales Tool, das Textausschnitte auf diskriminierende Wörter überprüft. macht.sprache. ist ein Projekt, das dank gelegentlicher Fördermittel existiert und Interessierten frei zur Verfügung steht. Das bedeutet, dass sich Menschen mit unterschiedlichen Wissensständen und Fachkenntnissen austauschen können, die darüber hinaus jeweils eigene Erfahrungen mit verschiedenen Arten von Diskriminierung gemacht haben.

Besonders macht.sprache. hat uns dazu angetrieben, noch ausführlicher zu recherchieren und uns aktiv mit Menschen mit unterschiedlichem Fach- und Erfahrungswissen auszutauschen. Manchmal fand der Austausch in informellen Gesprächen statt, aber sofern uns

Fördermittel zur Verfügung standen, organisierten wir Veranstaltungen, Diskussionen und Workshops. Zu den geladenen Gäst*innen und dem Publikum gehörten Aktivist*innen, Menschen aus der Kulturbranche, Journalist*innen, Forschende und Mitarbeitende aus Behörden. Die Diskussionsteilnehmenden auf der Bühne bezogen sich unterschiedlich auf Alter, BeHinderung[II], Bildungsstand, Gender[III], Race[IV] und Sexualität. Der

---

II Die Schreibweise beHindert wurde von einer aktivistischen Community eingeführt, die von Ableismus (Diskriminierung von Menschen mit BeHinderung) betroffen ist (siehe zum Beispiel: Eliah Lüthi (Hg.): *beHindert & verRückt.* Münster 2020). Mit dieser Schreibweise soll betont werden, dass Menschen nicht aufgrund ihrer individuellen Körper beHindert *sind*, sondern durch Barrieren und gesellschaftliche Ausschlüsse beHindert *werden.* Alternativen sind be_hindert oder behindert*. Über den Sinn und Effekt verschiedener Schreibweisen schreiben wir ausführlicher in Kapitel 15 »Verschiedene Schreib- und Sprechweisen«.

III Gender beschreibt einerseits die sozial hergestellte Idee von Geschlecht und die Rollen, die vermeintlich dazugehören. Was als natürliches Geschlecht festgelegt wird (in der Regel binär gedacht, männlich oder weiblich), hängt oft mit gesellschaftlichen Entscheidungen zusammen. Gender kann sich außerdem auf die persönliche Geschlechtsidentität und ihre vielfältige Interpretation und Darstellung beziehen (die über die Binarität hinausgeht und sie infrage stellt).

IV Als Identitätskategorie für Menschen dient der Begriff Race dazu, Rassismus als gesellschaftliches Phänomen, das menschengemacht und strukturell verankert ist, zu beschreiben und zu analysieren. Bei deutschen Varianten des Begriffs (wie »Rasse« oder »Hautfarbe«) schwingen hingegen biologistische Untertöne mit, weshalb wir in diesem Buch den englischsprachigen

Wissensstand der Zuschauenden war ein breites Spektrum, aber alle suchten nach neuen Impulsen und Vertiefung. Obwohl es in den Medien häufig so wirkt, als würden Diskussionen über diskriminierungskritische Sprache spalten, durften wir bei diesen Veranstaltungen oft das Gegenteil erleben: den Wunsch, soziale Probleme, die sich in Sprache manifestieren, ernst zu nehmen, Fragen stellen und Unsicherheiten äußern zu können, sich für Veränderungen zu öffnen und sie dann vielleicht sogar gemeinsam voranzutreiben. Aber vor allem konnten wir durch diese Begegnungen eine Menge lernen. Vieles von dem, was wir gelernt haben, ist in machtsprache.de eingeflossen. Vieles davon hat die folgenden Seiten bereichert. Vieles müssen wir noch lernen.

Teilnehmende dieser Veranstaltungen suchten oft nach Ressourcen. macht.sprache. kann in solchen Fällen nützlich sein, und für manche Menschen ist so ein kostenfreies digitales Format das zugänglichste und hilfreichste Medium. Andere bevorzugen ein Buch, das mehr Platz für eine ausführlichere Darstellung der Themen bietet. Es wurden bereits wertvolle Bücher geschrieben, von denen wir viele zitieren. Unsere Arbeit und unser Austausch in den vergangenen Jahren verschafften uns jedoch Zugang zu zahlreichen Erkenntnissen und Strategien, die in ihrer Gesamtheit eine Lücke zu füllen schienen. Also entschieden wir uns, sie aufzuschreiben.

Begriff verwenden. Wir thematisieren den Begriff ausführlich in Kapitel 14 »Monolingualism is dead«.

Unser bescheidener Beitrag in diesem Buch besteht in erster Linie darin, das Wissen unserer Recherchen und Gespräche zusammenzutragen und zu kuratieren. Wir haben zwar einen akademischen Hintergrund, dieses Buch entspringt jedoch unseren Erfahrungen aus der Praxis, und wir versuchen, möglichst zugänglich und praxisorientiert zu schreiben (ob uns das gelingt, ist eine andere Frage). Einige Schlüsselbegriffe, die in diesem Vorwort schon angeklungen sind (wie Positionierung, Privileg oder intersektional), erläutern wir in den folgenden Kapiteln. Wir haben das Buch so aufgebaut, dass Begriffe, Ideen und Argumente Schritt für Schritt in einer möglichst logischen Reihenfolge eingeführt werden. Da es sich um ein Buch über Sprache handelt, stellt sich das Problem, dass das, worüber wir sprechen, auch das ist, womit wir es vermitteln. Das bedeutet, dass wir manchmal schon bestimmte Sprachpraktiken anwenden, bevor wir diese ausführlich thematisieren konnten. An solchen Stellen verweisen wir auf die entsprechenden Kapitel, in denen die Erläuterung zu finden ist. Das heißt, dieses Buch muss nicht unbedingt von vorne bis hinten gelesen werden, sondern lädt ein, beim Lesen selbst zu entscheiden, mal vor- oder zurückzuspringen.

Das Buch dürfte für diejenigen am nützlichsten sein, die in Bezug auf Sprache und Diskriminierung viele offene Fragen haben. Wir schreiben für diejenigen, die uns um Ressourcen gebeten haben, und auch für diejenigen, die den polarisierenden Stil, in dem sprachliche Diskriminierung manchmal öffentlich diskutiert wird, befremdlich finden. Wir möchten zu einer produktiveren und differenzierteren Diskussionskultur über den Sprachwandel beitragen, damit sich mehr Menschen eingeladen fühlen, sich an ihr zu beteiligen.

TEIL 1
STEINIGES TERRAIN

1 POSITIONIERUNG

Macht Sprache 01:
Ich überlege, zu welchen Erfahrungen und welchem Wissen ich Zugang habe. Ich überlege, zu welchen Erfahrungen und welchem Wissen mein Gegenüber Zugang hat. Mich zu positionieren bedeutet, anhand dieser Überlegungen verantwortungsvoll zu handeln. Sprechen ist eine Handlung. Positioniert zu sprechen ist verantwortliches Handeln.

Am 21. Mai 1897 stimmte der Senat der Universität Cambridge über den Antrag ab, ob Frauen ein vollwertiger Hochschulabschluss gewährt werden sollte. Damals durften Frauen zwar an einigen Lehrveranstaltungen der Universität teilnehmen, konnten aber keinen Abschluss wie die männlichen Absolventen erwerben. Die Abstimmung löste erhebliche Proteste aus, und Hunderte (männliche) Studenten gingen in Cambridge auf die Straße. Zu ihren Protestaktionen gehörte unter anderem die Zerstörung einer Plastik einer Radfahrerin. Der Antrag wurde mit 661 Stimmen für und 1707 Stimmen gegen die volle Zulassung abgelehnt. Aber was hatte die Möglichkeit zu studieren mit einer Fahrrad fahrenden Frau zu tun?

Gegen Ende des 19. Jahrhunderts brach in England eine große Begeisterung für das Fahrradfahren aus, die auch viele Frauen erfasste. Frances E. Willard veröffentlichte 1895 das Buch *A Wheel Within a Wheel*, in dem sie von den Vorteilen des Radfahrens schwärmte. Für sie und Frauen, die ihr ähnlich waren, symbolisierte die Frau auf dem Fahrrad größere Bewegungsfreiheit und damit auch eine Befreiung von bestimmten gesellschaftlichen Erwartungen, die sie als einschränkend empfanden: Sie konnten der Enge der Häuslichkeit und der dortigen Überwachung entfliehen, sie konnten sich sportlich betätigen und sich damit der Zuschreibung von Schwäche und Fragilität widersetzen. Für Willard war das Fahrrad ein neues Machtinstrument, und dabei besonders wertvoll für Frauen.[2]

Die Begeisterung für das Fahrrad, die Willard und andere Frauen an den Tag legten, rief viel Missbilligung hervor. Es wurden Bedenken geäußert, dass Frauen, die dieses Fortbewegungsmittel nutzten, ein »Fahrradgesicht« bekämen, das sich durch gerötete Wangen und Ringe unter den Augen auszeichnete. Außerdem würde das Radfahren angeblich die weiblichen Fortpflanzungsorgane beschädigen und ihre sexuelle Lust anregen. Ungeachtet dieser pseudowissenschaftlichen medizinischen Bedenken hielt die Begeisterung vieler Frauen für das Radfahren an. Diese Art der Fortbewegung eröffnete ihnen neue soziale Räume und führte zu zahlreichen Veränderungen, unter anderem in der Mode – die Frauenoberhosen, »Bloomers«, entstanden. Das Fahrrad ermöglichte es ihnen, ihr metaphorisches und reales Korsett umzugestalten und in mancherlei Hinsicht zu weiten.

Für die protestierenden Studenten der Universität Cambridge symbolisierte die Frau auf dem Fahrrad hingegen, dass Frauen sich nicht mehr ihrem Geschlecht entsprechend verhielten. Indem sie die Skulptur der Radfahrerin zerstörten, drückten sie ihren Protest gegen größere, strukturelle Veränderungen aus – Veränderungen, die Frauen den gleichen Bildungsweg wie ihnen selbst ermöglichen würden, was in Cambridge tatsächlich erst 1948 der Fall wurde. Für die protestierenden Studenten stellte die Frau auf dem Fahrrad eine Bedrohung der bestehenden gesellschaftlichen Geschlechterordnung dar, so wie die Zulassung von Frauen zum Studium an der Universität die vorherrschende institutionelle Geschlechterordnung zu bedrohen schien.

Dieses Beispiel hat Grenzen, und wir werden es gleich verkomplizieren, aber es zeigt, wie die Bedeutung der Frau auf dem Fahrrad von verschiedenen Gruppen, den protestierenden Männern und Fahrrad fahrenden Frauen, durch ihre jeweilige Positionierung bestimmt wurde. Die Positionierung beschreibt die Rolle, die eine Person in Bezug auf bestimmte Machtstrukturen einnimmt. Menschen sprechen und handeln aus einer konkreten Position heraus, die sich darauf auswirkt, was sie bewusst wahrnehmen, was sie erleben und welchen Sinn sie dem Erlebten geben. Die Positionierung bestimmt, zu welchem Wissen, welcher Erfahrung und welchem Erfahrungswissen Menschen Zugang haben.

Die Beziehung der Frauen zu den patriarchalen Strukturen im viktorianischen England trug dazu bei, dass viele von ihnen das Fahrradfahren als eine Form der Befreiung verstanden. Die Beziehung der männlichen Studenten zu denselben Strukturen führte dazu, dass sie sie kaum als problematisch betrachteten und manche von ihnen Kritik am Patriarchat oder Rufe nach struktureller Veränderung als Bedrohung empfanden. Diese beiden Gruppen befanden sich in Bezug auf die gesellschaftliche Wirkung patriarchaler Macht an unterschiedlichen Positionen, die ausschlaggebend dafür waren, welche Bedeutung sie dem Symbol der Frau auf dem Fahrrad gaben. Über Positionierung nachzudenken kann helfen, zu verstehen, warum verschiedene Menschen ein und dieselbe Sache (hier also eine Frau auf einem Fahrrad) unterschiedlich betrachten und warum sie ihr verschiedene Bedeutungen geben können.

Im öffentlichen Diskurs wird das Sprechen über Positionierung manchmal als »Identitätspolitik« bezeichnet. Dabei kann es leicht passieren, dass »Identität« ein recht enges, prototypisches Bild aufruft. Mit dem Begriff der Positionierung soll jedoch etwas Nuancierteres erfasst werden. In gewisser Weise betont er, dass Identität etwas Mehrdimensionales, Bewegliches und Veränderbares ist. Auch das lässt sich mit dem Fahrradbeispiel veranschaulichen: Nicht alle Männer empfanden die vergrößerte Bewegungsfreiheit von Frauen als problematisch, und nicht alle Frauen sahen in dem Fahrrad ein Symbol für wünschenswerte Mobilität. Es gab auch Frauen, die sich in ihrer bisherigen Rolle wohlfühlten, die die Veränderungen genauso ablehnten wie die protestierenden Studenten oder die andere Gründe hatten, sich nicht mit Fahrrädern zu beschäftigen. Dennoch erlebten so viele Frauen die bestehende Geschlechterordnung als Einschränkung ihrer Bewegungsfreiheit, dass es für Frauen wahrscheinlicher war, in ihr ein Problem zu sehen: Diese Frauen deckten die Mechanismen auf, die ihre Mobilität einschränkten und kontrollierten. Da Männer andere Erfahrungen machten, war das Problem für sie weniger greifbar.

Dem Kulturwissenschaftler Stuart Hall zufolge ist eine Identität keine Kombination festgelegter Eigenschaften und auch nicht die unveränderliche Essenz des innersten Selbst.[3] Er erklärt, dass Identität vielmehr ein Prozess ist, der sich durch die Positionierung ausdrückt. Wo sich Personen oder Gruppen innerhalb einer Gesellschaft verorten, ist eng verknüpft mit diversen Machtstrukturen (siehe Kapitel 3) und prägt, welche Erfahrungen sie machen und welche Perspektiven auf die Welt sie haben. Die Positionierung ist also kein statisches Phänomen. Wie Menschen sich innerhalb von Machtstrukturen verorten, wie ihre Beziehung zu ihnen ist, ändert sich im Laufe des Lebens. Menschen werden zum Beispiel älter, manche migrieren und einige bekommen eine BeHinderung.[4]

Die Beweglichkeit oder Uneindeutigkeit von Positionierungen zeigt sich nicht nur in diesen möglichen Veränderungen, sondern auch darin, dass sie nicht immer am äußeren Erscheinungsbild einer Person abzulesen sind. Unter den Studenten hätten zum Beispiel durchaus manche queer sein können. Sexualität und Gender sind Aspekte der Positionierung, die nicht unbedingt sichtbar sind. Hosen zu tragen, Sport zu treiben oder an der Universität zu studieren galten in Cambridge gegen Ende des 19. Jahrhunderts als männliche Attribute. Wer dem entsprach, wurde von der Gesellschaft eher männlich gelesen. Doch das bedeutet nicht, dass sich diese Personen auch als Männer identifizierten. Ähnliches gilt auch für andere Machtdimensionen. Zum Beispiel gibt es BeHinderungen wie chronische Schmerzen, psychische Erkrankungen oder sensorische BeHinderungen, die äußerlich nicht erkennbar sind.

Die Positionierung einer Person wird nicht nur durch die Beziehung zu einer einzigen Machtdimension bestimmt. Die Positionierung ergibt sich durch das Zusammenspiel unterschiedlicher Vektoren. Im Zusammenhang mit den Fahrradfahrerinnen haben wir gesagt, dass gegen Ende des 19. Jahrhunderts in England eine große Begeisterung für das Fahrradfahren ausbrach, die viele Frauen erfasste. Es wäre vielleicht präziser zu sagen, dass diese Begeisterung viele *weiße*, bürgerliche, nicht beHinderte cis[V] Frauen erfasste. Mit dem Beispiel wollten wir zeigen, dass sich Menschen je nach Gender unterschiedlich auf patriarchale Strukturen beziehen. Aber es gibt weitere Aspekte, die beeinflussen, wie Menschen zu Fahrrädern stehen. Die Frauen, die das Fahrrad als Zeichen der Emanzipation verstanden, waren häufig cis, *weiß*, nicht beHindert und gehörten der Mittelschicht an. Zu der Zeit hätte sich eine Frau aus der Arbeiter*in-

V Cis zu sein bedeutet, dass einer Person bei der Geburt das Geschlecht zugeschrieben wurde, mit dem sie sich auch identifiziert.

nenklasse wahrscheinlich kein Fahrrad leisten können – und sie hätte auch nicht an der Universität studieren können, selbst wenn es erlaubt gewesen wäre. Für so eine Frau repräsentierte das Fahrrad also vielleicht eher die finanzielle Ungleichheit zwischen ihr und den Frauen, die sich mit dem Fahrrad ein bisschen mehr Mobilität kaufen konnten.

Um sich verschiedene Positionierungen und die dazugehörigen Beziehungen zu unterschiedlichen Machtdimensionen bildlich vorzustellen, hilft die Metapher der Straßenkreuzung. Unter Einbezug ihrer eigenen Erfahrungen als Schwarze[VI] Frau prägte die Aktivistin und Rechtswissenschaftlerin Kimberlé Crenshaw in den frühen 1990er-Jahren in den USA den Begriff der Intersektionalität[5], um zu verdeutlichen, dass sich Menschen an einer metaphorischen intersection, also an einem Knotenpunkt oder einer Kreuzung, befinden, an der verschiedene Diskriminierungsformen zusammenlaufen und sich überschneiden: Eine Schwarze Frau erfährt gleichzeitig die Auswirkungen von Rassismus und Sexismus und macht damit andere Erfahrungen als ein Schwarzer Mann oder eine *weiße* Frau. Eine queere jüdische Person erlebt die Folgen von Heterosexismus und Antisemitismus. Einer beHinderten muslimischen Person begegnen Ableismus und antimuslimischer Rassismus. Es kann ganz unterschiedliche Kreuzungen mit einer oder mehreren abgehenden Straßen geben. Die

---

VI Warum wir »Schwarz« groß schreiben, erläutern wir in Kapitel 15 »Verschiedene Schreib- und Sprechweisen«.

Straßen können kleiner oder größer sein, befestigte Wege oder Trampelpfade.[6] Dieser Metapher folgend, kann Positionierung als konkreter Punkt verstanden werden, den eine einzelne Person im komplexen Netz der verschiedenen Diskriminierungsformen einnimmt. Dieser Ort zeigt an, welche Art von Wegen einer Person offensteht, also welche Handlungsbedingungen – die eng mit Privilegien verknüpft sind (siehe Kapitel 2) – eine Person zur Verfügung hat.

Positionierung sollte also intersektional betrachtet werden und die verschiedenen Machtdimensionen miteinbeziehen, die gleichzeitig auf sie einwirken. Die Frau aus der Arbeiter*innenklasse und die Frau aus der Mittelschicht, die das Fahrrad als Symbol größerer Mobilität betrachtet, machten zu ihrer Zeit ähnliche Erfahrungen in Bezug auf das Patriarchat. Aber sie unterschieden sich in ihren Erfahrungen in Bezug auf Klasse. An dem konkreten Punkt, an dem die Frau aus der Arbeiter*innenklasse sich befindet, überkreuzen sich die Machtdimensionen Klasse und Patriarchat und führen zu ihrer Diskriminierung. Es handelt sich in diesem Fall nicht um ein quantitatives Verständnis von Diskriminierung. Positionierungen intersektional zu betrachten soll keine Oppression Olympics (Unterdrückungsolympiade) auslösen, also keine Vergleiche dessen, wer am schlimmsten dran ist. Vielmehr dient das Konzept der Intersektionalität dazu, qualitativ unterschiedliche Erfahrungen innerhalb von Machtstrukturen zu vermitteln. Je nachdem, an welcher Straßenkreuzung Menschen stehen, können sie unterschiedliche Dinge wahrnehmen. Was weiter weg von ihnen selbst ist, bemerken sie vielleicht erst einmal nicht.

Das Erfahrungswissen, das unterschiedliche Positionierungen mit sich bringen, spielt im Zusammenhang mit der Thematik dieses Buches eine wichtige Rolle. Wenn wir in den folgenden Kapiteln bestimmte Machtdimensionen ansprechen, versuchen wir deshalb zu erwähnen, wie eine zitierte Person zu ebendieser steht oder wie sie sich öffentlich selbst positioniert. Aus ähnlichen Gründen haben wir im Vorwort versucht, erzählerisch darzulegen, in welcher Beziehung wir zu den Themen dieses Buches stehen. Unser Ansatz, Positionierungen auf diese Weise mitzudenken, ist pragmatisch und praxisorientiert, und wir sind nicht ganz zufrieden mit ihm. Aber während wir dieses Buch schreiben, erscheint uns diese Herangehensweise die beste der verfügbaren Optionen zu sein (siehe Kapitel 10 »Pragmatische und praxisorientierte Entscheidungen«).

Bisher haben wir in diesem Kapitel beschrieben, wie sich aus der jeweiligen Beziehung eines Menschen zu Machtstrukturen unterschiedliche Positionierungen ergeben. Wir haben außerdem hervorgehoben, dass dieses Konzept das Zusammenspiel mehrerer Formen von Diskriminierung berücksichtigt. Nun werden wir genauer betrachten, wie solche Diskriminierungsformen strukturell funktionieren können, denn Diskriminierung ist ein System, das auf verschiedenen Ebenen operiert. Diese Ebenen sind historisch gewachsen und bedingen sich gegenseitig: Es gibt die individuelle oder interpersonelle Ebene, also wenn im direkten Austausch zwischen Personen etwas Diskriminierendes gesagt oder getan wird. Dabei kann es sich um die Verwendung von explizit beleidigenden Begriffen handeln, die als Teil einer bestimmten Diskriminierungsform entwickelt wurden, oder um eine weniger leicht zu erkennende vorurteilsbelastete Behandlung. Wenn zum Beispiel eine Lehrperson einen Schüler mit homosexuellen Eltern immer wieder auffordert, zu erzählen, wie sich seine Familie von »normalen« Familien unterscheidet, dann betont die Lehrperson indirekt, dass Heterosexualität der Standard ist und Homosexualität davon abweicht. Damit wird der Familie des Schülers Andersartigkeit zugeschrieben, die diskriminierend ist.

Die kulturelle Ebene bezieht sich auf Wissen, Normen, Werte, Metaphern und kulturelle Produkte wie Theaterstücke, Filme und Bücher. Es geht also darum, wer in solchen Medien dargestellt wird, oder um das gesellschaftliche Verständnis dessen, was »normal« ist, was »man« macht, wie »man« sich »richtig« ausdrückt. Um beim Thema Schule zu bleiben, wären hier Lehrbücher zu nennen, aber auch die Erwartungshaltungen, die Lehrpersonen an Kinder unterschiedlicher sozialer Klassen haben.

Weiterhin gibt es diskriminierende Politiken und Gesetze, Regeln und Sitten, also die institutionelle Ebene. Wenn eine Schulordnung Kopfbedeckungen verbietet, sind davon muslimische oder jüdische Schüler*innen und Lehrer*innen potenziell besonders stark betroffen. Sie werden somit diskriminiert. Und sogar vor Gericht kann es zu Ungleichbehandlung kommen. Der Jurist und

Journalist Ronen Steinke hat nachgewiesen,[7] dass arme und reiche Menschen vom Gesetz nicht gleichbehandelt werden. Wer beispielsweise keine*n Anwält*in bezahlen kann, hat schlechtere Chancen auf einen fairen Prozess. Eine Pflichtverteidigung ist nicht in allen Fällen vorgesehen, und diese zu beantragen kann eine Hürde sein. Steinke legt dar, dass es in Verfahren, in denen Angeklagte keine*n Anwält*in haben, seltener zu Freisprüchen kommt und die Strafen oft höher sind. Verschiedene Positionierungen werden also durch ein ineinandergreifendes System verschiedener Formen von Diskriminierung bestimmt, und dieses System operiert auf verschiedenen Ebenen, die wiederum miteinander in Beziehung stehen.[8]

Was genau hat die Positionierung innerhalb eines diskriminierenden Systems nun mit Sprache zu tun? Je nach Positionierung verstehen Menschen bestimmte Begriffe anders. Genau wie die Frau auf dem Fahrrad je nach Positionierung eine andere symbolische Bedeutung erhält, bedeuten bestimmte Worte oder Sätze je nach Positionierung etwas anderes. Außerdem führt das Einbeziehen der Positionierung zu weiteren wichtigen Fragen, die die Sprache betreffen: Wer spricht? Von wo aus? Wer spricht nicht? Und wer wird angesprochen?

2021 trug die afroamerikanische Dichterin Amanda Gorman bei Joe Bidens Inauguration als Präsident der USA ein Gedicht vor. Sie wurde weltweit als junges Talent gefeiert, und *The Hill We Climb* sollte daraufhin in verschiedene Sprachen übertragen werden. Da es sich um einen weltbekannten Text handelte, wurde in diesem Fall ausgiebig medial über die Übersetzer*innen diskutiert, die sonst häufig unsichtbar bleiben. Für die katalanische Übersetzung wurde zunächst Victor Obiols ausgewählt, ein *weißer* cis Mann. Doch der Auftrag wurde ihm wieder entzogen und stattdessen eine Person mit einer ähnlicheren Positionierung wie Gorman gesucht. Die niederländische Übersetzung sollte Marieke Lucas Rijneveld, eine *weiße*, nichtbinäre Person, übernehmen, die schließlich selbst von dem Auftrag Abstand nahm.[9] Daraufhin brach in Deutschland eine emotionale Diskussion los, wer Amanda Gorman überhaupt übersetzen dürfe – ob eine *weiße* Person berechtigt sei, das Werk einer Schwarzen Person zu übersetzen; ob Autor*innen und ihre Übersetzer*innen sich in ähnlicher Weise auf Gender beziehen müssten. In diesem Zusammenhang berichtete die afrodeutsche Germanistin, Amerikanistin und Übersetzerin Marion Kraft uns in einem Gespräch, dass »einige Übersetzer*innen davon ausgehen, dass sie mit jedem Text ein*e andere*r sind und jeden Text übersetzen können. Natürlich können sie das, aber die Frage ist, aus welcher Position heraus.« In der Übersetzungsarbeit müssten, so Kraft, Autor*innen und Übersetzer*innen nicht unbedingt die gleiche Erfahrungswelt teilen, »aber es kann hilfreich sein, um nicht ungewollt in Fettnäpfchen zu treten oder ohne es zu wissen einen Sprachgebrauch zu verwenden, der verletzend ist oder historische Zusammenhänge ignoriert. Wenn die Erfahrungswelten nicht geteilt werden, ist es umso notwendiger, sich für andere Perspektiven zu öffnen.«[10]

Gormans Gedicht wurde schließlich von einem dreiköpfigen Team ins Deutsche übertragen. Beteiligt waren die afrodeutsche Journalistin Hadija Haruna-Oelker, die sich intensiv mit Identität und Differenzierung auseinandersetzt, die deutsch-türkische Autorin Kübra Gümüşay, die in ihrem Buch *Sprache und Sein* über die zentrale Rolle von Sprache für eine gerechtere Gesellschaft schreibt, und die *weiße* Übersetzerin Uda Strätling, deren Arbeitsschwerpunkt auf Lyrik liegt. In diesem Team wurde viel Expertise zusammengebracht und beschlossen, die Entscheidungen in Bezug auf sensible Begriffe im Anhang an das Buch transparent zu machen.

Aus der Debatte über die Übersetzungen von *The Hill We Climb* lässt sich schließen, dass es produktiver ist, statt über Verbote über einen verantwortungsvollen Umgang mit Sprache nachzudenken. Dafür scheint es sinnvoll, sich nicht nur der eigenen Positionierung bewusst zu sein – also des eigenen Wissens und der eigenen Erfahrungen –, sondern auch zu überlegen, wer angesprochen wird. Positionierungen sind nämlich auch relational. Deshalb ist es hilfreich, die eigene Positionierung in Beziehung zur Positionierung von anderen zu reflektieren.

Die afroamerikanische Autorin Toni Morrison war sich immer darüber im Klaren, für wen sie schrieb, und kann daher ein hilfreicher Ausgangspunkt sein, um über diese Beziehungen nachzudenken. In einem Interview mit *The Guardian* formulierte sie es so:

»›I'm writing for black people,‹ she says, ›in the same way that Tolstoy was not writing for me, a 14-year-old coloured[VII] girl from Lorain, Ohio. I don't have to apologise or consider myself limited because I don't [write about white people] – which is not absolutely true, there are lots of white people in my books. The point is not having the white critic sit on your shoulder and approve it.‹«[11]

»›Ich schreibe für Schwarze Menschen‹, sagte sie, ›genauso wie Tolstoi nicht für mich, ein 14-jähriges Schwarzes Mädchen aus Lorain, Ohio, geschrieben hat. Ich muss mich dafür nicht entschuldigen oder es als einschränkend betrachten [nicht über *weiße* Menschen zu schreiben] – was auch gar nicht stimmt, denn es gibt viele *weiße* Menschen in meinen Büchern. Es geht darum, mich nicht davon beeinflussen zu lassen, was *weiße* Kritiker*innen mir ins Ohr flüstern und gutheißen.‹«[12]

Menschen, die schreiben oder sprechen, tun dies aus einer bestimmten Position heraus, egal, ob sie diese wie Morrison aktiv reflektieren oder nicht. So eine Reflexion kann jedoch sinnvoll sein und in Bezug zu den Gesprächspartner*innen gestellt werden – positionieren sie sich ähnlich oder unterschiedlich? Ist es wahrschein-

VII In Kapitel 11 »Kontextabhängigkeit« gehen wir auf die Geschichte dieses Begriffs ein, den Morrison hier selbst für sich wählt.

lich, dass sie Begriffe oder Situationen ähnlich interpretieren oder nicht? Auf diese Weise können Ausdrucksweisen, die die gesellschaftlichen Machtstrukturen widerspiegeln, eingeordnet werden. Das ist besonders sinnvoll, wenn Formulierungen in einen anderen Kontext übertragen werden, wie es bei Übersetzungen der Fall ist, oder wenn sie ein breites, nicht genau definierbares Publikum erreichen, zum Beispiel bei Social-Media-Posts oder journalistischen Veröffentlichungen. (Auf die Kontextabhängigkeit von Sprache gehen wir in Kapitel 11 noch ausführlicher ein.)

Positionierung kann ein aktiver Prozess sein. Dann drückt sie sich in dem Versuch aus, bewusst und reflektiert mit den eigenen Handlungsbedingungen umzugehen, sich im Umgang mit anderen Menschen über Ähnlichkeiten und Unterschiede Gedanken zu machen und zu überlegen, wie diese sich auf eine bestimmte Situation auswirken. Auch in diesem Fall kann Crenshaws Metapher der Straßenkreuzung zur Veranschaulichung beitragen: Wem eine breite Straße und ein schnelles Fortbewegungsmittel zur Verfügung stehen, wird es leichter fallen, am Ziel anzukommen, aber vielleicht werden auf dem Weg einige Details nicht wahrgenommen. Wer hingegen einen schmalen Trampelpfad beim Gehen freischlagen muss, wird mehr Zeit brauchen und sich mit jedem Hindernis und allem, was sich auf dem Weg befindet, ausführlich auseinandersetzen müssen. Überlegtes Sprechen und Handeln zeigt ein Bewusstsein für gesellschaftliche Strukturen, bestehende Ungleichheiten und Ungerechtigkeiten. Aber auch eine Nichtbenennung oder Schweigen sind Formen der Positionierung und Handlungsweisen, die auf Privilegien verweisen.

Als Personen, die mit Büchern arbeiten – übersetzend, lehrend, wissenschaftlich und als Gründerinnen von *poco.lit.* und macht.sprache. –, ist es naheliegend, dass wir in diesem Buch häufig Beispiele aus der Literatur heranziehen. Aber alle Menschen kommunizieren jeden Tag in unterschiedlichen Sprachen miteinander, und Positionierung spielt dabei immer eine Rolle (auch wenn die Kommunizierenden nicht bewusst darüber nachdenken). Sei es eine Interaktion in der Straßenbahn, der Austausch mit Kolleg*innen bei der Arbeit oder eine andere alltägliche Situation. Welche Positionierung Menschen innerhalb der gesellschaftlichen Strukturen einnehmen, wirkt sich auf ihre Perspektive, ihren Handlungsspielraum und damit auf jede einzelne Interaktion aus.

In den folgenden beiden Kapiteln über Privilegien und Macht werden wir zwei weitere Aspekte erörtern, die grundlegend für unser Verständnis von Sprache und Diskriminierung sind. »Positionierung«, »Privilegien« und »Macht« bilden Teil I, unseren Ansatz, der die größeren Strukturen aufzeigt, auf denen die dann folgenden Kapitel aufbauen. In Teil 2 legen wir die Grundprinzipien dar, die als Handlungsmaßstäbe für das Streben nach einer diskriminierungskritischen Sprachpraxis dienen können. Teil 3 stellt konkrete Handlungsoptionen vor, die beim praktischen Herantasten an einen diskriminierungskritischen Umgang mit Sprache angewendet werden können.

2 PRIVILEGIEN

Macht Sprache 02:
Ein Privileg ist ein Vorteil, ein Vorrecht, ein Freibrief oder schlicht das Fehlen einer Hürde. Privilegien entstehen durch die Nähe zu bestimmten Normen und drücken sich in dem Luxus aus, über manche Dinge nicht nachdenken zu müssen: Privilegien sind für die, die sie besitzen, häufig unsichtbar. Sich diskriminierungskritisch auszudrücken beinhaltet, eigene Privilegien kritisch zu reflektieren und Sprache mit Intention zu begegnen.

»Das habe ich immer schon gesagt.«

»Alle anderen sagen das auch.«

»Ist es wirklich notwendig, dass ich meine Sprache ändere?«

Solche oder ähnliche Sätze sind oft in Diskussionen über bestimmte diskriminierende Redewendungen zu hören. Wir selbst haben uns zu Beginn verschiedener Lernprozesse schon vergleichbar geäußert und denken hin und wieder immer noch so, wenn wir auf ungewohnte neue Ausdrucksformen stoßen. Meist werden solche Sätze impulsiv von Menschen geäußert, die in der Gesprächssituation eine privilegierte Position einnehmen. Wer in so einer Position ist, bemerkt bestimmte Probleme oft nicht, weil es Teil des Privilegs ist, dass das existierende System für jene Personen funktioniert.

Bekannt geworden ist die Idee der Privilegien nicht direkt in Bezug auf Sprache, sondern durch antirassistische Diskurse. Im US-amerikanischen Kontext waren dafür Publikationen der *weißen* Wissenschaftlerinnen Peggy McIntosh und Robin DiAngelo ausschlaggebend, die sich stark auf das Wissen von Schwarzen Menschen und Menschen of Color beziehen.[13] Auch in Deutschland ist das Konzept mittlerweile beispielsweise dank Veröffentlichungen der Anti-Rassismus-Trainerin Tupoka Ogette und des Journalisten Mohamed Amjahid – die sich beide in ihrer Aufklärungsarbeit auf ihr Erfahrungswissen beziehen – weithin bekannt. Im Folgenden gehen wir zunächst auf die konzeptionelle Bedeutung von Privilegien ein, bevor wir ihren Zusammenhang mit Sprache und Kommunikation thematisieren.

Privilegien beziehen sich nicht nur auf Rassismus, sondern lassen sich auch anhand anderer Machtdimensionen betrachten: Beispielsweise sind in einer kapitalistischen Gesellschaft Menschen, denen mehr finanzielle Mittel zur Verfügung stehen, klar privilegiert. In diesem Fall können Privilegien offensichtlich und materiell sein; ein klarer Vorteil, der sich darin ausdrückt, was bestimmte Personen besitzen und andere nicht.

Eine andere Art von Privilegien ist weniger konkret und nicht unbedingt sofort zu erkennen. Sie hängt damit zusammen, wie sehr die Positionierung einer Gruppe dem entspricht, was innerhalb einer Gesellschaft als »normal« wahrgenommen wird. Gesellschaften sind nämlich nach bestimmten Vorstellungen von Normalität organisiert, die manchmal konkret benannt und in anderen Fällen unausgesprochen vorausgesetzt werden. Menschen befinden sich dann in einer privilegierten Position, wenn ein oder mehrere identitätsstiftende Merkmale mit einer gesellschaftlich etablierten Norm übereinstimmen. Wer bestimmten Aspekten dieser Normen nicht entspricht, erlebt hingegen häufiger, vergessen, ausgegrenzt oder sanktioniert zu werden. Diese etwas subtilere Art von (Nicht-)Privilegierung lässt sich am Beispiel von Crashtest-Dummys veranschaulichen:

Im Globalen Norden[VIII] werden seit den 1950er-Jahren menschenähnliche Puppen eingesetzt, um die Auswirkungen von Verkehrsunfällen auf den menschlichen Körper zu simulieren und letztendlich die Sicherheit von Autos zu erhöhen. Die Journalistin Caroline Criado-Perez kritisiert in ihrem Buch *Unsichtbare Frauen*, dass die Crashtest-Dummys, die am häufigsten verwendet werden, standardmäßig 76 Kilogramm schwer und 1,77 Meter groß sind und damit eher einem durchschnittlichen europäischen Mann als einer durchschnittlichen europäischen Frau entsprechen. Neben Gewicht und Größe führt sie noch weitere Aspekte wie Muskelmasse oder typische Sitzposition an, um zu zeigen, dass Autos für bestimmte Normkörper designt werden. Alle Sicherheitsmaßnahmen wie Anschnallgurt oder Airbag sind an diese Körperformen angepasst. Je mehr Autofahrer*in-

---

VIII Mit dem Begriff »Globaler Norden« sind die Regionen und Menschen der Welt gemeint, die privilegiert sind. In Kapitel 9, »Veränderung und Unvollständigkeit«, gehen wir ausführlicher auf ihn und sein Gegenstück, den Globalen Süden, ein.

nen diesem Normkörper entsprechen, desto sicherer fahren sie. Criado-Perez bezieht sich in ihrer Argumentation auf einige Genderaspekte und stellt heraus, dass besonders Frauen durch diesen Norm-Dummy diskriminiert werden. Darüber hinaus führt er aber zum Beispiel auch zur Diskriminierung von diversen beHinderten Menschen oder dicken oder fetten[14] Personen. Wenn Fahrende von der »Norm« abweichen, nach der die Sicherheitsmerkmale eines Autos konzipiert wurden, kann das erhebliche Folgen haben. Criado-Perez verweist darauf, dass Frauen zwar statistisch gesehen seltener in Autounfälle verwickelt sind (rein zahlenmäßig gesehen fahren sie auch weniger Auto), aber wenn sie verunglücken, erleiden sie wesentlich häufiger schwere Verletzungen. Die EU stützt diese Norm in gewisser Weise, da Autos zwar eine bestimmte Anzahl von Tests mit Dummys bestehen müssen, bevor sie auf den Markt kommen, aber die Vorgaben beinhalten nicht, dass die Puppen vielfältige Proportionen haben sollten.[15] Wenn eine Positionierung mit der Norm übereinstimmt, entstehen Privilegien, was unter anderem bedeutet: Sicherheit, Einbeziehung und als unmarkiert und »normal« wahrgenommen zu werden.

Auch in Bezug auf Sprache existieren bestimmte gesellschaftliche Vorstellungen von dem, was normal ist, was einigen Menschen Privilegien verschafft und andere benachteiligt. In den Essays der Dichterin, Logopädin und Aktivistin May Ayim finden sich unzählige Berichte darüber, dass ihr und anderen Schwarzen Deutschen häufig von *weißen* Menschen gesagt wurde: »Sie sprechen aber gut Deutsch!«[16] *Weiße* Deutsche zeigen sich mit dieser Aussage überrascht darüber, dass Schwarze Personen Deutsch sprechen können. Darunter liegt die vielleicht zum Teil bewusste, zum Teil unbewusste Annahme, alle Deutschen, die ihre Fähigkeit, Deutsch zu sprechen, verbindet, müssten *weiß* sein. Schwarzen Deutschen wird also implizit die Zugehörigkeit zum Deutschsein abgesprochen. May Ayim und andere mussten diesen Fragenden ihre Deutschkenntnisse erst beweisen und damit ihr Deutschsein sprachlich für sich beanspruchen. In einem ihrer berühmtesten Gedichte, »Grenzenlos und unverschämt. Gegen die deutsche scheinheit«, tut Ayim genau das:

> »[...]
> Und [ich] werde trotzdem
> deutsch sein
> auch wenn euch
> meine schwärze
> nicht paßt«[17]

Weißen Menschen wird hingegen zunächst seltener eine Nichtzugehörigkeit unterstellt, und ihre Deutschkenntnisse werden weniger häufig angezweifelt. Die eigene Zugehörigkeit oder Sprache nicht verteidigen zu müssen ist ein Privileg. Nariman Youssef und Gitanjali Patel, die schriftstellerisch oder übersetzerisch mit Sprache arbeiten, erklären, dass sie als Personen of Color Sprache häufig mit Intention begegnen müssen, weil ihre Behauptung, sie zu beherrschen, fragil ist und in dem mehrheitlich *weißen* Umfeld, in dem sie leben, infrage gestellt wird. Sie berichten, dass sie schon früh mit dem Code-Switching oder Maskieren begonnen haben, also ihr Sprechverhalten je nach Situation anpassten, um näher an das heranzukommen, was als Norm gilt, und um ernst genommen zu werden. Dazu gehört, sich damit vertraut zu machen, wie diejenigen, die die Norm repräsentieren, sie sehen, und dann zu lernen, sich selbst zu übersetzen, um von den Privilegierten verstanden und akzeptiert zu werden.[18] Menschen in einer privilegierten Position müssen diese Arbeit nicht leisten. Und auch das ist ein Privileg.

Um diskriminierende Strukturen zu erklären und öffentlich zur Diskussion zu stellen, müssen in der Regel zunächst Betroffene die passenden Worte finden. Im Rückschluss bestätigen Ayims, Youssefs und Patels beispielhafte Situationen, dass Sätze wie »Das habe ich immer schon gesagt« und ähnliche Automatismen – vor allem von Privilegierten – dazu führen können, dass Ausschlüsse aufrechterhalten und sozial konstruierte Differenzen mit ihren realen Effekten ignoriert werden.

Einige Gruppen als privilegiert und andere als nicht privilegiert zu beschreiben klingt vielleicht zunächst nach einem strikten Entweder-oder, aber da viele verschiedene Facetten eine Gesellschaft ausmachen, entsteht ein kompliziertes Geflecht von Privilegierung und Nichtprivilegierung, was der Begriff Intersektionalität einzufangen versucht. Wie in Kapitel 1 erwähnt, nutzte Kimberlé Crenshaw Intersektionalität als Metapher, um auf die Intersektionen – also Schnittstellen oder Kreuzungen – zwischen verschiedenen Formen von Diskriminierung (oder Nichtprivilegierung) aufmerksam zu machen. Intersektional betrachtet kann die Positionierung einer bestimmten Person bedeuten, dass sie einige Privilegien genießt – wie die Frauen aus der Mittelschicht, die sich Fahrräder leisten konnten und dadurch größere Freiheit erlangten (siehe Kapitel 1) – und andere ihr versagt werden: Die Fahrradfahrerinnen hatten nicht das gleiche Recht auf Bildung wie Männer.

Die Thematik erscheint manchmal kompliziert, da Privilegien von denjenigen, die sie besitzen, oft erst einmal nicht als solche wahrgenommen werden – denn ein Privileg kann schlicht das Fehlen einer Hürde sein. Infolgedessen kommt es vor, dass Privilegierte die Privilegien leugnen, die ihnen zur Verfügung stehen, oder dass sie deren generelle Existenz anzweifeln. Dabei sind diese Personen besonders schlecht positioniert, eine Diskriminierungsform wahrzunehmen, wenn diese sie auf ihrem Lebensweg überhaupt nicht einschränkt. Zum Beispiel nutzen wir beide für die Fortbewegung keinen Rollstuhl und können Veranstaltungen besuchen, ohne uns Gedanken darüber machen zu müssen, ob die Lokalität nur über Stufen erreichbar ist, ob es einen Aufzug oder eine Rampe gibt und ob im Gebäude eine rollstuhlgerechte Toilette vorhanden ist. Die ableistischen Strukturen, die einige daran hindern, an derselben Veranstaltung teilzunehmen, fallen uns nur auf, wenn wir aktiv darüber nachdenken. Ein Privileg beinhaltet also die Freiheit, sich mit bestimmten Dingen nicht beschäftigen zu müssen.

Damit kommen wir zurück zur Sprache: Möglicherweise nehmen Personen, die von sprachlicher Diskriminierung wenig oder gar nicht betroffen sind, die öffentlichen Diskussionen über gerechtere Ausdrucksformen erst einmal als unnötig wahr. Wer sich zum Beispiel sprachlich durch das generische Maskulinum gut repräsentiert fühlt, findet in der eigenen Erfahrung seltener einen Anlass, sich mit genderfreier oder genderinklusiver Sprache auseinanderzusetzen.

Wenn eine privilegierte Person mit Belangen konfrontiert wird, die für ihr eigenes Leben auf den ersten Blick wenig Relevanz zu haben scheinen, kann dies negative Reaktionen hervorrufen. Als der Automobilhersteller Audi 2021 einen Genderleitfaden für die Unternehmenskommunikation einführte, zog ein Mitarbeiter vor Gericht, um dagegen vorzugehen. Der klagende Prozessmanager argumentierte, dass der Leitfaden für genderneutrale oder genderinklusive Formulierungen seine Persönlichkeitsrechte einschränken würde. Seinem Anwalt zufolge bestehe »das Problem schon darin, dass er die Gender-Formen lesen muss«. Das Landgericht Ingolstadt ließ diese Argumentation nicht gelten: Der Mitarbeiter müsse die Vorgaben nicht aktiv implementieren, und das Recht, »in Ruhe gelassen zu werden«, so der vorsitzende Richter, gebe es nicht.[19]

Der Fall ist beispielhaft dafür, wie unsichtbar Privilegien für diejenigen sein können, die der bisher bestehenden Norm entsprechen, und welche Gegenreaktion es hervorrufen kann, wenn solche impliziten Privilegien sichtbar gemacht und angefochten werden. Das Privileg, sich sprachlich repräsentiert zu fühlen, bleibt für diejenigen, die es auch ohne einen Leitfaden für inklusivere Sprechweisen besitzen, vielleicht erst einmal unsichtbar. Wer hingegen vom generischen Maskulinum ausgeschlossen wird, kann nicht wählen, von dieser Diskriminierung »in Ruhe gelassen zu werden«.

Im März 2024 wurde in Bayern vom sogenannten Ministerrat ein »Verbot der Gendersprache« verabschiedet, das genderinklusive Schreibweisen wie »Minister*innen« oder »Minister_innen« verbietet.[20] Die Doppelnennung »Minister und Ministerinnen« ist weiterhin erlaubt. Das heißt, das Genderverbot gilt nicht für die Nennung von Männern und Frauen oder Jungen und Mädchen. Unzulässig sind hingegen Schreibweisen, die über die Zweigeschlechtlichkeit hinausgehen und mithilfe von Sternchen, Doppelpunkt oder Unterstrich andere Genderidentitäten miteinbeziehen (auf die verschiedenen Genderzeichen gehen wir in Kapitel 15, »Verschiedene Schreib- und Sprechweisen«, ausführlicher ein). Menschen, die sich nicht als männlich oder weiblich identifizieren, wird durch diesen institutionell vorgeschriebenen Sprachgebrauch also die Existenz abgesprochen. Implizit wird diesen Menschen vermittelt: Du bist nicht wichtig genug, dass die Sprache Platz für dich macht. Sie haben weder das Privileg, sich repräsentiert zu fühlen, noch der Thematik unbeteiligt zu begegnen, denn der institutionell vorgeschriebene Sprachgebrauch erinnert sie ständig daran, dass die regierenden Institutionen in ihrem Bundesland ihre Existenz leugnen. Sprecher*innen von queeren Vereinen und Interessensverbänden kritisieren die Änderung entsprechend.[21]

Es ist nicht ungewöhnlich, dass eine alltägliche unbewusste Bevorzugung zu einem Anspruchsdenken führt. Wenn privilegierte Personen feststellen müssen, dass ihre Positionierung ihnen Vorteile bringt, können sie nicht länger behaupten, alle Menschen seien gleichberechtigt. Privilegierte Personen haben – auch wenn es ihnen oft nicht bewusst ist – ein Interesse daran, zu glauben, dass unsere Welt eine Leistungsgesellschaft ist. So können die eigenen Privilegien als Verdienst angesehen werden. Wenn Privilegien jedoch als unverdient, also als Ergebnis ungerechter Systeme (etwa das Patriarchat oder die *weiße* Vorherrschaft) bezeichnet werden, bedeutet dies, mit einem Verlust konfrontiert zu werden. Gender, Race, Sexualität und so weiter sind soziale Konstrukte, menschengemachte Kategorien, die die Gesellschaft ordnen sollen. Diese Einteilung, die aufgrund gesellschaftlicher Sozialisierung wie automatisch geschieht, wirkt sich akut auf die Zugänge, die Anerkennung und die Teilhabemöglichkeiten aus, die Menschen erleben. Sprache bildet die Kategorisierung ab und trägt zu ihrer Bewahrung bei – angefangen mit einem schlichten »Wir« und »die Anderen«.

Sich auf Gewohnheiten oder Automatismen zu verlassen, kann zur Folge haben, dass privilegierte Gruppen bewusst oder unbewusst dazu beitragen, Privilegien zu schützen – was auch im Audi-Fall erkennbar ist. Ein weiteres Beispiel wäre die sogenannte Vetternwirtschaft, also der übermäßigen Bevorteilung von Familienmitgliedern, Freund*innen oder Bekannten. Wer ein gutes Netzwerk hat, findet leichter einen Job, bekommt eine bessere gesundheitliche Versorgung und Zugang zu sozialen Kreisen, die anderen verschlossen bleiben. Es ist bemerkenswert und gleichzeitig sehr naheliegend, dass der Begriff Vetternwirtschaft sich auf eine männliche Person bezieht – der Mann an der Spitze, der Einlass gewähren oder verweigern kann. Vetternwirtschaft kann mit Sympathien oder Kompetenzen gerechtfertigt werden, wobei häufig ausgeblendet wird, dass es in der Regel subjektive Gründe gibt, andere Menschen sympathisch zu finden und sie für fähig zu halten. Diese persönlichen Sichtweisen hängen mit der Sozialisierung und der gesellschaftlichen Positionierung zusammen.

Anstatt die eigenen Privilegien zu schützen, können sie geteilt oder für die Angleichung der Lebens- und Handlungsbedingungen aller Mitglieder einer Gesellschaft eingesetzt werden. So könnten diejenigen, die über Plattformen verfügen, die ein breites Publikum erreichen, diese einsetzen, um die Sichtbarkeit eines Problems zu erhöhen; diejenigen, die in ihrem Umfeld gerade nicht um Anerkennung und Daseinsberechtigung kämpfen müssen, könnten ihre Kapazitäten nutzen und Aufklärungsarbeit über diskriminierende Äußerungen leisten.

Wie genau Privilegierte ihre Privilegien teilen können, um sich gegen die diskriminierenden Strukturen zu richten, von denen sie profitieren, ist jedoch eine komplizierte Frage. Wir selbst finden es unangenehm, als Frau in Not behandelt zu werden, die darauf wartet, von einem Mann gerettet zu werden. In Bezug auf andere Diskriminierungsformen gibt es ähnlich problematische Konstellationen, zum Beispiel wenn eine nicht beHinderte Person sich selbst als »großzügig« inszeniert, weil sie Zeit mit einem beHinderten Menschen verbringt, oder wenn *weiße* Menschen dem White Saviourism verfallen.

Die Figur des White Saviour wird berechtigterweise kritisiert.[22] Sie beschreibt eine *weiße* Person, die sich selbst als Held*in darstellt, da sie glaubt, erkannt zu haben, dass Menschen of Color gerettet werden müssen und dass sie als *weiße* Person die richtige für diese Aufgabe ist. Es ist eine herablassende, selbstbezogene und zudem rassistische Haltung, die im mehrheitlich *weißen* Deutschland weitgehend Teil der Sozialisierung ist. Zu finden ist sie zum Beispiel häufig in Entwicklungshilfediskursen oder in der Selbstdarstellung von Freiwilligendiensten, die im Globalen Süden (Kapitel 9) soziale Arbeit leisten und nicht selten von sorgfältig inszenierten Bildern auf Instagram begleitet werden. Auch in Büchern oder Filmen ist White Saviourism ein beliebtes, wenngleich problematisches Narrativ. In der Tragikomödie *Green Book* beschützt der *weiße* Fahrer des Schwarzen Pianisten Doktor Donald Shirley diesen in den 1960er-Jahren bei einer Konzerttour in den US-Südstaaten vor körperlicher Gewalt und letztendlich vor einem unglücklichen Leben, indem er ihn im Kreis seiner Familie willkommen heißt. Solche Überlegenheitsnarrative heben auf problematische Weise hervor, bestimmte Menschen(-gruppen) seien besser oder fähiger als andere. Auch wenn es um den Versuch geht, Privilegien zu teilen, spielt Positionierung eine wichtige Rolle.

In seinem Buch *Der weiße Fleck* führt Mohamed Amjahid das Konzept der Süßkartoffel ein: »Mit dem zuckerhaltigen Windengewächs werden neudeutsch Weiße bezeichnet, die ihre privilegierte Stellung in der Gesellschaft und die Problematik mit dem Rassismus erkannt haben – und etwas dagegen tun (wollen).« *Weißen* Menschen, die ihre Privilegien teilen beziehungsweise eine Süßkartoffel werden wollen, schlägt er in einer Liste mit 50 Punkten vor, was sie machen könnten, etwa »Holen Sie sich vorher die Genehmigung ab, Unterstützung leisten zu können. Das macht Ihre ›Hilfe‹ weniger paternalistisch« oder »Achten Sie in Gruppen darauf, dass Sie nicht überproportional viel Redezeit und Raum in Anspruch nehmen«.[23]

Wer sich für eine diskriminierungskritische Sprachpraxis einsetzen möchte, kann sich kritisch mit den eigenen Privilegien auseinandersetzen und überprüfen, was sie*er aus ihrer*seiner jeweiligen Positionierung für selbstverständlich hält und wen oder was sie*er automatisch bevorzugt. Dazu gehört, nicht nur darüber nachzudenken, wie sich eine bestimmte Wortwahl oder ein bestimmter Sprechakt auf uns selbst oder auf Menschen, die so sind wie wir, auswirkt, sondern auch, wie sich beides auf diejenigen auswirkt, die unsere Privilegien nicht teilen. Das ist leichter gesagt als getan, aber diese kritische Selbstreflexion ist notwendig, um ungerechte Machtstrukturen zu verändern. Das Erkennen von Machtdynamiken kann zu einer Veränderung führen, diese lässt sich in gerechterer Sprache erkennen und gleichzeitig dadurch vorantreiben. Deshalb betrachten wir im nächsten Kapitel die Rolle der Macht.

3 MACHT

Macht Sprache 03:
Sprache kann sowohl ein Instrument der Entmachtung als auch der Ermächtigung sein. Sprachlich verankerte Machtstrukturen zu benennen und zu hinterfragen ermöglicht, sie zu verändern.

Die eigene Positionierung und (Nicht-)Privilegierung ist eng mit Machtstrukturen verknüpft. Macht bezeichnet die Fähigkeit einer Person oder einer Gruppe, auf das Verhalten oder Denken anderer Personen oder Gruppen und deren Lebensumstände einzuwirken. Wer Macht hat, kann dafür sorgen, dass andere sich den eigenen Wünschen und Vorhaben unterordnen müssen. Deshalb wird auch ständig um Macht gestritten oder sogar gekämpft. Marion Kraft betont: »In Kämpfen um Macht und Deutungshoheit ist das Wort eine Waffe.«[24] Sprachveränderung kann also eine Begleiterscheinung von Machtkämpfen sein, aktiv für sie genutzt werden oder dem Widerstand dienen.

Die Fähigkeit, sich an Gesprächen über Sprache und Diskriminierung zu beteiligen, kann selbst ein Ausdruck von Macht sein – oder ihres Fehlens. Oft wird für die Beteiligung an solchen Gesprächen ein bestimmtes Vokabular vorausgesetzt. Viele Arbeiter*innenkinder – also Menschen, deren Eltern nicht studiert haben, was teilweise auch auf uns zutrifft – kennen das aus persönlicher Erfahrung. In Haushalten von Arbeiter*innen wird wahrscheinlich nur selten über Dinge wie zum Beispiel »ursprüngliche Akkumulation« gesprochen. Wenn solche oder ähnliche Begriffe ihnen dann in der Schule oder an der Universität begegnen, sind sie zunächst fremd – wenn Arbeiter*innenkinder überhaupt in einer Hochschule landen. Wie eine im Oktober 2021 veröffentlichte Studie vom Stifterverband und McKinsey feststellte, ist es in Deutschland dreimal wahrscheinlicher, dass Kinder aus akademisch geprägten Haushalten einen Bachelorabschluss erreichen als ein Kind aus einem Arbeiter*innenhaushalt.[25] Die richtigen Begriffe zu kennen ist in diesem Kontext ein Privileg und ein Symptom gewisser Machtverhältnisse. Die fehlende Vertrautheit mit den »korrekten« Vokabeln kann dann eine Hürde für die Beteiligung an einem Gespräch sein. Aber aus Marx' *Das Kapital* zitieren zu können ist keine Voraussetzung für ein Verständnis der gelebten, alltäglichen Realitäten von Klassenzugehörigkeit. Menschen müssen das Wort Habitus nicht kennen, um zu merken, dass ihnen in bestimmten Räumen die erwarteten Verhaltens- und Sprechweisen fehlen, weil ihnen diese Räume (beispielsweise Universitäten) fremd sind.

Die Schriftstellerin und Journalistin Şeyda Kurt spricht etwas Ähnliches an, wenn sie darauf hinweist, dass einige Leser*innen ihres Buchs *Radikale Zärtlichkeit. Warum Liebe politisch ist* »vielleicht noch nicht mit bestimmten Begrifflichkeiten in Berührung gekommen [sind] […], aber möglicherweise trotzdem ein existenzielles Bedürfnis [haben], sich mit den Themen auseinanderzusetzen, weil diese Themen sie betreffen«.[26] Kurt hat sich deshalb entschieden, in einem Glossar bestimmte Begriffe zu erklären. Wir selbst erläutern einige Konzepte oder ausgewählte Wörter in Fußnoten. Eine gewisse Art zu sprechen oder ein bestimmtes Vokabular sind oft die Voraussetzung für den Zugang zu bestimmten Diskussionen, zu Räumen oder Ressourcen. Diejenigen, die sich nicht in einer Machtposition befinden, können diese Voraussetzung manchmal nicht erfüllen. Daraus folgt vielleicht lediglich der Ausschluss aus einem Gespräch über *Das Kapital*, aber es kann auch bedeuten, dass sich die Entscheidungsfreiheit über die eigene Lebensführung verringert. Beispielsweise stellt bürokratisches Deutsch für viele einen schwer durchdringbaren Irrgarten dar, und für manche hängen an dem Verständnis verschachtelter Paragrafen existenzielle Fragen wie der eigene Aufenthaltsstatus.

Gespräche über Sprachveränderung finden oft in elitären Räumen statt, zu denen nicht alle den gleichen Zugang haben. Nicht alle haben die Mittel, den entsprechenden Habitus, in solchen Räumen ernst genommen zu werden, auch wenn Autor*innen wie Şeyda Kurt oder Vereine wie Arbeiter*innenkind e.V. sich bemühen, Ressourcen bereitzustellen. Verringerte oder fehlende Teilhabe sind die Folgen von Machtstrukturen. Wenn eine Person die »richtigen« Wörter und Verhaltensweisen kennt, kann sie an der Diskussion teilnehmen. Wenn nicht, ist es unwahrscheinlich, dass sie gehört wird. So verfestigen sich bestehende Machtverhältnisse.

Wie die Schriftstellerin Olga Grjasnowa in ihrem Buch *Die Macht der Mehrsprachigkeit. Über Herkunft und Vielfalt* erklärt, sagen die verwendeten Begrifflichkeiten viel über die bestehenden Machtverhältnisse sowie die herrschenden Diskurse und Ideologien aus.[27] Wenn beispielsweise von Frauen als »Mädels« gesprochen wird, spiegelt die Begriffswahl ein patriarchales Verständnis von Frauen als kindlich wider. Kinder gelten als abhängig von Erwachsenen, und wenn Frauen wie Kinder sind, dann sind sie dem Mann unterlegen. Solche Erklärungen für angeblich natürliche Hierarchien basieren auf gesellschaftlichem Allgemeinwissen, das heißt auf vorherrschenden Annahmen, die als »normal« und richtig gelten. Und darauf wird aufgebaut – sogar die Forschung nutzt derartiges »Allgemeinwissen«, um Forschungsfragen zu entwickeln und entsprechend Wissen zu produzieren. Basierend auf Rollenklischees wurde Frauen zum Beispiel früher »Hysterie« als Krankheit zugeschrieben. Selbst die Etymologie des Wortes zeigt die Verbindung auf, denn es kommt vom altgriechischen *hystera*, was »Gebärmutter« bedeutet. Im 19. Jahrhundert konnte Hysterie zunächst offenbar so ziemlich alles sein, aber dann wurde sie zum Sinnbild der Frau, die beim vaginalen Geschlechtsverkehr mit ihrem Mann keinen Orgasmus erlebte. Das wurde zu einem Problem, ja zu einem Krankheitsbild der Frau gemacht, für das die Forschung »heilende« Behandlungsmethoden finden sollte.[28]

Sprache ist so machtvoll, dass sie lokal und auf individueller Interaktionsebene ungleiche Machtverhältnisse verfestigen kann, aber auch auf globaler Ebene. Globale

Zusammenhänge lassen sich mit einem Blick auf das Verhältnis zwischen verschiedenen Sprachen besser nachvollziehen: Nicht alle Sprachen werden als gleich wertvoll betrachtet. Laut Grjasnowa lernt heutzutage in Deutschland die Elite Englisch, Französisch und vielleicht auch Mandarin (auf Englisch als elitäre Sprache kommen wir in Kapitel 14 »Monolingualism is dead« zurück). Sprachen wie Türkisch oder Arabisch genießen weniger Ansehen, was Grjasnowa neben dem Aspekt sozialer Klassenzugehörigkeit mit dem Konzept des Linguizismus als spezifische Form von Diskriminierung beschreibt: Menschen, die eine bestimmte Sprache, Deutsch mit Akzent oder einen bestimmten Dialekt sprechen, werden diskriminiert. In Deutschland erleben beispielsweise Menschen, die einen ostdeutschen Dialekt sprechen, häufig eine gewisse Abwertung, auch wenn diese manchmal als Humor getarnt wird. Linguizismus ist ein sprachlicher Ausdruck von gegebenen Machtverhältnissen.

Ein Blick in die Geschichte zeigt, dass Sprachen sich aufgrund von menschlichem Handeln permanent verändern. Neuerungen setzen sich in Krisenzeiten oder Zeiten des demografischen Wandels besonders schnell durch, zum Beispiel, wenn Kriege geführt und Territorien besetzt oder eingenommen werden.[29] In Momenten der Begegnung – zu denen auch Kriege zählen – kann es einen Sprachaustausch in beide Richtungen geben, aber in der Regel üben die Mächtigeren den stärkeren Einfluss aus. Um nur einige Beispiele zu nennen: Im Deutschen können zahlreiche Wörter auf das Lateinische zurückgeführt werden, da römische Soldaten und Siedler*innen während einer Expansionswelle zu Zeiten Cäsars in germanische Gebiete drängten. Die normannische Eroberung Englands im Jahr 1066 führte zu einem starken französischen Einfluss auf die englische Sprache. Einige Jahrhunderte später unterdrückten und verdrängten europäische Kolonialmächte verschiedenste Sprachen in kolonisierten Gebieten im Globalen Süden.

Mächtigen dient Sprache als wertvolles Instrument: Am deutlichsten zeigt sich dies vielleicht in der Benennung von Menschen und Orten – und in der Aneignung der Macht der Benennung. Diese Macht ist auch heute noch allgegenwärtig: Der amerikanische Kontinent ist nach dem florentinischen »Entdecker« Amerigo Vespucci benannt, und die vielfältigen Bevölkerungsgruppen Nordamerikas, die schon vor der Ankunft der Europäer*innen dort lebten, werden manchmal noch mit dem Namen bezeichnet, den Christoph Kolumbus ihnen fälschlicherweise zuschrieb, als er glaubte, Indien erreicht zu haben. Pflanzen weltweit tragen häufig den Namen europäischer Botaniker, die sie angeblich »entdeckt« haben – wie die *Arnica chamissonis*, die nach Adelbert von Chamisso benannt ist. Der deutschsprachige Dichter und Botaniker lebte Ende des 18., Anfang des 19. Jahrhunderts, besonders bekannt ist er für sein Kunstmärchen *Peter Schlemihls wundersame Geschichte* und seine Weltumseglung, bei der er unzählige Pflanzen sammelte. Er wird bis heute für sein Lebenswerk geehrt. Im Jahr 2020 ist die Praxis der Benennung von Pflanzen immer noch ähnlich: Die *Aristolochia wankeana* aus Französisch-Guyana wurde zu diesem Zeitpunkt nach dem Dresdener Botaniker Stefan Wanke benannt.[30] Die Fähigkeit, etwas zu benennen, ist eine Machtposition. In *Sprache und Sein* hebt Kübra Gümüşay diesen Gedanken mit dem Bild des Museums der Sprache hervor. In diesem imaginären Museum kuratieren die Menschen, die unbenannt bleiben, und definieren alles Ausgestellte – alles Sagbare, also die ganze Welt – nach ihren Vorstellungen. Auf diese Weise werden andere Wissensformen und andere Namen für alles um uns herum sowie Eigenbezeichnungen unsichtbar gemacht. Die Kuratierenden benennen nämlich auch die Menschen, die vom Kurationsteam ausgeschlossen und stattdessen wie Objekte ausgestellt werden.[31] Die Position der Unbenannten und der Benennenden ist eine Position der Macht und Privilegien.

Die Praxis der Benennung und der Wissensproduktion über die Benannten war ein wesentlicher Bestandteil des Kolonialismus. Eine Unterscheidung zwischen zwei Kategorien herzustellen war tatsächlich eine Voraussetzung für seine Entstehung und einer seiner zentralen Mechanismen. Europäer*innen machten diejenigen zu »anderen« (»others«), die sie von sich unterscheiden wollten. Dafür nutzten sie rassifizierende Praktiken. Einige davon waren sprachlich und beinhalteten die Benennung und die Repräsentation als »andere«. Dies schlug sich in der Entwicklung eines Diskurses über das Anderssein nieder, der die Sprache und die Bilder von »Kannibalen« und romantisierte Darstellungen »unzivilisierter« Bevölkerungen umfasste.[32] Die rassifizierenden Praktiken wurden durch die pseudowissenschaftliche Rassentheorie weiter als »Wissenschaft« kodifiziert, die Klassifikationsschemata (zum Beispiel für Schädelformen) erfand, um verschiedene Menschengruppen zu kategorisieren, Daten über sie zu sammeln und das zu produzieren, was als Wissen über sie gelten sollte. Durch diese Katalogisierung wurden die erfundenen, fälschlichen Unterscheidungen in verschiedene Menschenrassen untermauert und mit Bedeutungen versehen. Mit der Bewertung der ausgedachten Kategorien erschufen die Europäer*innen Hierarchien zwischen Menschen, um ihre eigenen Interessen zu stützen – und somit auch einige Grundsätze des modernen Rassismus.

Einer der bekanntesten Denker des Postkolonialismus, Edward Said, legt in seinem Buch *Orientalismus* die Entwicklung des Diskurses über das Anderssein des sogenannten »Orients« dar. Er beschreibt, wie Europäer*innen unterschiedliche Repräsentationspraktiken nutzen, um den Gegensatz zwischen Europäer*innen und den aus ihrer Perspektive »anderen« zu erschaffen. Durch eine wachsende Menge an Bildern, Erzählungen und Berichten, die die Gegenüberstellung stützten, verfestigte sich die Konstruktion eines binären Gegensatzes in kolonialen Kontexten. Dem »Wir« werden »die Anderen« gegenübergestellt, und dazu müssen abgrenzende Kategorien und entsprechende Eigenschaften entwickelt werden. Said bezieht sich in seinem Buch darauf, wie die Kolonialmächte Frankreich und Großbritannien im späten 19. und frühen 20. Jahrhundert eine Vorstellung vom »Orient« und den dort lebenden Menschen konstruierten. Der »Orient« sollte die Regionen Nordafrikas und des Nahen Ostens umfassen, und der Orientalismus fabriziert eine Vorstellung, in der alle Menschen, die in diesem erdachten »Orient« leben, angeblich in gewisser Weise gleich seien – und dabei vor allem anders als Europäer*innen. Der Gegensatz europäisch vs. orientalisch erlaubte die Selbstdefinition des Europäischen als rational und zivilisiert und die Erfindung des Orientalischen als das Gegenteil, also emotional und unzivilisiert. Diese Kategorien wiederum ermöglichten eine Bewertung der Gruppen, die als Begründung fungierte, die eingruppierten Menschen unterschiedlich zu behandeln. Im kolonialen Kontext dienten diese sprachlichen und wissenschaftlichen Praktiken der Rechfertigung von Unterdrückung, Ausbeutung, Versklavung und Inbesitznahme von Land.

Und Sprache hat weitere Unterdrückungsfunktionen: Der gewaltsame Export europäischer Sprachen war ein wichtiger Bestandteil des Kolonialismus. Deutsche, französische, britische und andere europäische Kolonialmächte errichteten Schulen und zwangen den Kolonisierten ihre Sprachen und ihre Formen des Wissens als Zeichen der eigenen Macht auf.[IX] Der berühmte keniani-

---

IX In anderer Form wird dies heute durch sogenannte Entwicklungszusammenarbeit fortgeführt. Institutionen aus dem Globalen Norden finanzieren zum Beispiel Bildungsprojekte im Globalen Süden, die ihren eigenen Vorstellungen entsprechen, oder entsenden Lehrer*innen oder Freiwillige ohne Lehramtsausbildung, um in dortigen Bildungseinrichtungen Wissen weiterzugeben. Europa wird dabei als Standard gedacht, an den

sche Schriftsteller und Wissenschaftler Ngũgĩ wa Thiong'o drückt es so aus: »Auf die Nacht der Kugel und des Schwertes folgte der Morgen der Kreide und der Tafel.«[33]

Ein ausgeprägtes Bewusstsein für die Macht der Sprache aufseiten der (ehemals) Kolonisierten zeigte sich in einer Debatte, die sich in den 1950er- und 1960er-Jahren unter afrikanischen Intellektuellen entspann: Sie diskutierten, welche Sprache Schriftsteller*innen der gerade erst dekolonisierten Länder für ihre Literatur verwenden sollten. Auf dem afrikanischen Kontinent sind Ngũgĩ wa Thiong'o und der nigerianische Autor und Wissenschaftler Chinua Achebe wahrscheinlich die berühmtesten Vertreter dieser Diskussion. Da sie in ehemals britischen Kolonien leben beziehungsweise lebten, ging es bei ihnen um die Wahl zwischen Englisch und Gĩkũyũ oder Igbo, aber die Prinzipien der Debatte sind auch auf andere Kolonialsprachen übertragbar. Vereinfacht lassen sich ihre Positionen so beschreiben, dass Achebe sich für die englische Sprache als künstlerisches und politisches Mittel für die afrikanische Literatur aussprach und Ngũgĩ dagegen – Letzterer war so konsequent, dass er zunächst nicht mehr auf Englisch schrieb, sondern nur noch auf seiner Erstsprache Gĩkũyũ.

Ngũgĩ schreibt in seinem Buch *Dekolonisierung des Denkens* über die Bedeutung der englischen Sprache für sein Aufwachsen in Kenia und seine Ausbildung in britisch-kolonialen Institutionen. Die Makerere University,

---

Länder des Globalen Südens durch entwicklungspolitische Mittel näher herangeführt werden sollen.

an der er Englisch studierte, war ein Übersee-College der University of London. Sowohl die englische Sprache selbst als auch die Fähigkeit, gut Englisch zu sprechen, seien dort mit Prestige und Privilegien verbunden gewesen. Englisch stand für Aufwärtsmobilität und Zugang zur Elite. Für Ngũgĩ bedeutet die Entscheidung, weiterhin in dieser Sprache zu schreiben, den kolonialen Strukturen zum Triumph zu verhelfen. Ihm zufolge führte die Verwendung des Englischen dazu, dass kolonisierte Menschen über sich selbst als »andere« denken, da diese Denkweise in der Sprache und die Methoden ihrer Lehre im kolonialen Kontext verankert seien. Implizit würde damit die Anerkennung des kolonialen britischen Literaturkanons gesucht. Die britische Literatur und den Kulturimperialismus für erstrebenswert zu erklären und ihnen Bewunderung entgegenzubringen, würde bedeuten, sich weiterhin zu unterwerfen.

Im Gegensatz dazu wirkt Achebes Herangehensweise pragmatisch: Wenn afrikanische Schriftsteller*innen auf Englisch schreiben, leisten sie wertvolle Arbeit. Achebe betrachtet das Englische als eine wichtige Lingua franca für Menschen aus verschiedenen Teilen des afrikanischen Kontinents. Der südafrikanische Schriftsteller und Literaturwissenschaftler Es'kia Mphahlele weist außerdem darauf hin, wie nützlich dies für antikoloniale Kämpfe sein könnte, da Englisch als gemeinsames Medium für den Aufbau von Allianzen zwischen Gruppen mit unterschiedlichen Sprachen dienen könnte.[34]

Obwohl Achebe bewusst ist, dass die Verbreitung von Englisch in Afrika eine Folge kolonialer Gewalt ist, betrachtet er die Sprache dennoch als sein Erbe – ein Erbe, das er seinen eigenen Bedürfnissen entsprechend formen kann, auf das er Einfluss nehmen und das verändert werden kann. Tatsächlich passten afrikanische Schriftsteller*innen das Englische bereits an ihre Bedürfnisse an, indem sie Begrifflichkeiten aus verschiedenen Lokalsprachen, Redewendungen und veränderte Satzstrukturen einfließen ließen.

Wie oft in Debatten, die von Entweder-oder-Positionen strukturiert sind, ist es weniger interessant, sich von einer Meinung überzeugen zu lassen, als nachzuvollziehen, welche Ideen und Argumente der jeweiligen Haltung zugrunde liegen. Ngũgĩ und Achebe setzen sich beide für die sprachliche Selbstermächtigung ehemals kolonisierter Menschen ein. Sie *machen* Sprache. Sie machen es anders, als die Mächtigen es vorgegeben haben, um bestehende Machtkonstellationen infrage zu stellen.

Ngũgĩs Argumente, den Verlust afrikanischer Sprachen zu verhindern, scheinen dringlicher zu werden, da tatsächlich einige wenige globale Sprachen die Sprachen der weniger Mächtigen nach und nach überdecken und verdrängen. So war Englisch nicht nur zu Zeiten des Kolonialismus eine dominante Sprache, sondern drängt andere auch weiterhin – vielleicht sogar noch stärker als vorher – an den Rand. Dennoch motiviert uns letztendlich ein Verständnis von Sprache, das Achebes Aufruf ähnelt, Englisch den eigenen Bedürfnissen entsprechend zu verändern, dazu einzuladen, Sprache anders zu machen. Marion Kraft hat es in einem Gespräch mit uns so ausgedrückt: Ja, die englische Sprache war eine koloniale Sprache. Aber eine antikoloniale Bewegung ist auch auf Englisch passiert. Die Sprache hat sich verändert; sie wird sich weiter verändern; Mitglieder einer Gesellschaft können an solchen Veränderungen teilhaben. Ob sich eine gerechtere Sprache durchsetzt, ist eine gesellschaftliche Frage und keine rein linguistische.

Wir haben in diesem Kapitel mit Beispielen zu Kolonialismus und Race gearbeitet. Aber das sprachliche Phänomen des »Andersmachens« (othering) beschränkt sich nicht auf die Gegensätze, die in diesem Zusammenhang entwickelt wurden. Neben Europäer*innen und Nichteuropäer*innen beziehen sich bekannte Differenzierungen zum Beispiel auf Nationalität, Gender, Sexualität, Religion, BeHinderung oder Alter. Auch in Bezug auf diese Dimensionen gibt es Debatten über Begrifflichkeiten, sowohl zugeschriebene als auch selbst gewählte.

Sprache kann aktiv und kreativ für den sozialen Wandel genutzt werden. Dieser Wandel kann viele Formen annehmen, unter anderem eine Präzision durch Wortneuschöpfungen. Lann Hornscheidt, sprachaktivistisch, lehrend und im Verlag w_orten & meer tätig, hat es so erklärt: »Wir können Normalität entnormalisieren, indem sie benannt wird. Das, was Normalität ist, ist machtvoll, privilegiert und in der Regel entnannt – ich benutze absichtlich entnannt und nicht unbenannt, um zu betonen, dass es auch eine sprachliche Handlung ist, etwas nicht zu benennen. An dieser Stelle etwas zu verändern könnte Wahrnehmung verändern.«[35] Hornscheidt verdeutlicht also, dass Machtstrukturen zunächst benannt werden müssen. Eine Sprache, die Diskriminierung oder

Ausblendungen benennt, ist erforderlich. Gegen die Unsichtbarmachung helfen (neue) Worte, sie sind ein erster Schritt in Richtung Dekonstruktion und Veränderung. Genau das ist eines der Ziele, die wir mit diesem Buch und mit unserem Projekt macht.sprache. verfolgen: die Sichtbarmachung von solchen Machtstrukturen und wie sie sich in Sprache manifestieren.

Andere Formen des emanzipatorischen Sprachwandels können zum Beispiel die Aneignung von zuvor abwertenden Begriffen, Neopronomen oder alternative Schreibweisen sein. Zu diesen und vielen weiteren Vorschlägen kommen wir in Teil 3, »Mögliche Wege«, in dem wir bereits existierende Möglichkeiten vorstellen, die als Inspiration für eine diskriminierungskritische Sprachpraxis dienen können.

Zuvor jedoch beschreiben wir im zweiten Teil »Ausgangspunkte« einige Grundprinzipien, auf die wir uns berufen. Hier argumentieren wir, dass Diskussionen über diskriminierungskritische Sprache nicht bisher unpolitische Themen politisieren, sondern vielmehr bereits vorhandene politische Dimensionen deutlich machen. In Kapitel 5, »Demut praktizieren«, schränken wir den Rahmen des tatsächlich Erreichbaren ein, wobei wir dennoch an erstrebenswerten Zielen festhalten. In Kapitel 6, »Umgang mit verletzender Sprache«, befassen wir uns mit Beleidigungen und Beschimpfungen und ihrer Fähigkeit, zu verletzen – eine Fähigkeit, die auch mit den in diesem Kapitel beschriebenen Machtstrukturen in Verbindung steht.

TEIL 2
AUSGANGSPUNKTE

4 SPRACHLICHE ENTSCHEIDUNGEN SIND POLITISCH

Macht Sprache 04:
Wer spricht, handelt politisch. Sprachhandlungen gehen aus Diskursen hervor und gestalten Diskurse mit. Beim Alten zu bleiben ist eine Entscheidung für den Status quo.

In den 1990er-Jahren wurde in den deutschen Medien hitzig über Political Correctness diskutiert, heute lautet das Stichwort Cancel Culture. Beide Begriffe werden oft auf reißerische Weise mobilisiert, um zu behaupten, linke und/oder woke[X] Personen würden bestimmte Themen unnötig politisieren. Aber zahlreiche Sprachhandlungen sind schon von vornherein politisch. Betrachten wir dazu als Erstes das Wort »Entdeckung«: Wenn historische Berichte behaupten, Kolumbus hätte den amerikanischen Kontinent »entdeckt«, werden die Bevölkerungsgruppen, die schon vorher dort lebten, für nicht existent oder unbedeutend erklärt. Damit wird die Erzählung untermauert, dass dieses Land vor dem europäischen Imperialismus *Terra nullius* war, also angeblich

X Der Begriff »woke« bedeutet, politisch wach engagiert gegen Diskriminierung zu sein, wir besprechen ihn genauer in Kapitel 14, »Monolingualism is dead«.

niemandem gehörte. Auf diese Weise rechtfertigten die Europäer*innen, dass sie die Gebiete in Besitz nahmen, was zur Grundlage der gegenwärtigen Landverteilung auf dem amerikanischen Kontinent führte. Dies ist angesichts der Kämpfe Indigener[XI] Menschen um Land und Souveränität auch heute noch von Bedeutung. Wenn Ko-

---

XI Eine 1982 formierte UNO-Arbeitsgruppe machte »Indigene Gruppen« zu einem rechtlichen Begriff, um bestimmte Rechtsansprüche geltend machen zu können (https://www.humanrights.ch/de/ipf/menschenrechte/diskriminierung/minderheitenrechte-begriffe). Im englischsprachigen Raum wird »Indigenous« von vielen Gruppen als Selbstbezeichnung verwendet. Susan Arndt erklärt: »Im Zuge der Widerstandsprozesse insbesondere in den Amerikas wurden die verschiedenen ›Indigene‹-Begrifflichkeiten kritischen Debatten und Aneignungsprozessen unterzogen – und dann entsprechend neu ausgerichtet. Dies erfolgte, indem Indigene um Menschen ergänzt wurde. Damit wird der kolonialistischen Setzung widersprochen, die eben auch aus ›Indigene‹ spricht, dass so bezeichnete Menschen kein (vollwertiges) Menschsein beanspruchen könnten« (Rassistisches Erbe, 2022). Auch in Deutschland wird der Begriff als Selbstbezeichnung verwendet, unter anderem von den Gründer*innen des Instagram-Kanals »Natives in Germany«, der Aufklärungsarbeit über problematische Stereotype leistet (https://www.deutschlandfunkkultur.de/natives-in-deutschland-100.html). Wir nutzen den Begriff in diesem Sinne, mit großgeschriebenen I, und möchten damit einen diskriminierungskritischen Ansatz signalisieren.
Der Begriff wird auch kritisiert. Yezenia Léon Mezu erklärt, »indigen« würde lediglich den älteren rassistischen Begriff ersetzen (https://missy-magazine.de/blog/2023/01/10/das-i-in-bipoc/). Die Native American Association of Germany interessiert sich stärker für die Dekonstruktion von Stereotypen, als für den »richtigen« Begriff (https://www.naaog.de/Deutsch-German/In-

lumbus' Reise nach Amerika als »Entdeckung« dargestellt wird, geschieht dies aus einer eurozentrischen Perspektive. Diese Perspektive ist insofern politisch, als dass sie europäisches Denken und Handeln ins Zentrum rückt, während andere Sichtweisen an den Rand gedrängt und als unwichtig abgetan werden. In dem Wort »Entdeckung« steckt also eine Menge Politik. Sprachgebrauch wird nicht politisiert, er ist politisch.

Begrifflichkeiten gehen aus bestimmten Diskursen hervor, und mit unseren Sprachentscheidungen gestalten wir den Diskurs mit. So zu tun, als ob »Neutralität« eine Option wäre, führt eher dazu, den Mainstream-Diskurs – also das, was als Norm angesehen wird – zu verfestigen. Im Deutschen ist für Indigene Menschen Nordamerikas eine rassistische Fremdbezeichnung weitverbreitet, die auf Kolumbus' fälschlicher Annahme basiert, er habe Indien erreicht. Bewusst andere Begriffe zu wählen verschiebt hingegen die Perspektive.[36]

Indigene Menschen in Deutschland erklären, wie anti-Indigener Rassismus hierzulande sich in diskriminierenden Stereotypen und kultureller Aneignung manifestiert, was besonders in der anhaltenden Beliebtheit von Karl Mays Romanen zu erkennen ist.[37] In Deutschland werden vor allem die Indigenen Kulturen Nordamerikas und ihre Lebensweise gerne von *weißen* Menschen romantisiert und dann in Romanen und Filmen festgehalten oder sogar nachgespielt. Dabei wird die koloniale

---

dianer-Politische-Korrektheit/). Es sind also weitere Aushandlungsprozesse zu erwarten.

Gewalt der Europäer*innen inklusive der verübten Morde schlichtweg ignoriert. In der Presse wird stattdessen alle paar Jahre wieder die Frage diskutiert, ob Karl May noch zeitgemäß ist oder nicht. Karl Mays viel gelesene und verfilmte Abenteuergeschichten – er spielt in einer ähnlichen Liga wie Joanne K. Rowling mit *Harry Potter* – zeigen die große Vorliebe für ein frei erfundenes Idealbild von Menschen, die fernab von der Zivilisation im Einklang mit der Natur leben und damit den Traum von Freiheit verkörpern sollen. Karl May war, während er über Winnetou und Old Shatterhand schrieb, noch nie an einem der Schauplätze seiner Geschichten gewesen, dennoch trugen seine Darstellungen maßgeblich zum deutschen Verständnis Indigener Menschen in Nordamerika bei. Seine Bücher lösten so eine Faszination aus, dass es auch heute noch sogenannte »Karl-May-Spiele« und verschiedene Kostümveranstaltungen gibt, bei denen die Beteiligten ihre Idee von Indigenem Leben nachspielen. Bei diesen Zusammenkünften, die teilweise von Vereinen organisiert werden, verkleiden sich die Mitwirkenden und spielen ihre Vorstellung von Indigenen Nordamerikaner*innen nach. Fiktionale Ideen werden durch derartige Praktiken auf den Stand der Wahrheit erhoben. Mit den Alltagsrealitäten auf dem amerikanischen Kontinent haben Karl Mays Geschichten und die Inszenierungen deutscher Vereine aber meist wenig zu tun. Dennoch überdecken diese Bilder und die in diesen Zusammenhängen verwendete Sprache facettenreichere Repräsentationen Indigener Menschen. Sich in der eigenen Wortwahl von diesen Darstellungen abzugrenzen kann diese verengten Ideen weiten und der vielfältigen Realität gerechter werden.

Viele Verlage erkennen die zwangsläufige Teilnahme von Texten an Diskursen an, indem sie überarbeitete Versionen älterer Texte oder Neuübersetzungen von »Klassikern« herausgeben. Mit der Zeit entstehen neue Bedürfnisse beim Lesepublikum, oder es entwickeln sich neue Konventionen und ein Text wird angepasst. Von *Grimms Märchen* gibt es heutzutage unzählige Versionen – sie verwenden zeitgemäßere Sprache, sind weniger gewaltvoll, oder es handelt sich um feministische Neuinterpretationen. Doch bei einigen besonders geliebten Werken, denen Menschen sich nostalgisch verbunden fühlen – wie etwa den Kinderbüchern von Roald Dahl oder Astrid Lindgren –, können Veränderungen negative Reaktionen hervorrufen. Eine kritische Bewertung des Antisemitismus in Dahls Darstellung oder des Rassismus in Lindgrens Erzählungen zu fordern, bedeutet nicht, zuvor unschuldige und unpolitische Kindergeschichten zu politisieren, auch wenn viele sie so in Erinnerung haben. Diese Geschichten als unschuldig und unpolitisch betrachten zu können ist in vielen Fällen symptomatisch für eine privilegierte Positionierung. Manche Eltern wünschen ihren Kindern vielleicht die gleichen schönen Erfahrungen mit dem BFG (*Big Friendly Giant* oder *Sophiechen und der Riese*) oder Pippi Langstrumpf, die sie selbst in ihrer Kindheit gemacht haben. Aber die diskriminierenden Darstellungen, die sich darin befinden, waren auch damals problematisch, auch wenn sie von manchen Lesenden nicht als solche wahrgenommen wurden und das gesellschaftliche Bewusstsein dafür fehlte. Das Verständnis dafür, wie die Formen des Sprachgebrauchs und der Sprachdarstellung in diesen Kindergeschichten an diskriminierenden Diskursen teilnehmen, ist heute ein anderes, und daraus folgt (auch für die diejenigen, die es damals nicht wussten, aber heute wissen können) eine Verantwortung, anders damit umzugehen. Auch diese Diskurse sind politisch und veränderbar.

Ähnlich der Debatte um Karl May gibt es alle paar Jahre wieder entrüstete Presseberichte um überarbeitete Kinderbücher. Teilweise werden derartige Anpassungen in den Medien als Zensur bezeichnet oder als Beispiel für das heutige Phänomen der Cancel Culture. In seinem Buch *Cancel Culture Transfer – Wie eine moralische Panik die Welt erfasst* legt der Literaturwissenschaftler Adrian Daub dar, dass derartige Artikel oft von vornherein das Ziel verfolgen, Aufregung zu schüren. Ihre wirkungsvollen Strategien beinhalten, (1) das Thema auf eine bestimmte Weise zu rahmen, die von Einzelfällen eine generelle (potenziell gefährliche) Tendenz ableiten lassen; (2) das Thema zu entkontextualisieren oder (3) auf Nuancen zu verzichten.[38] Die Auseinandersetzung mit dem eigentlichen Problem – nämlich Diskriminierung – findet womöglich gar nicht statt.

Ein diskriminierungskritischer Umgang mit Sprache verfolgt hingegen genau gegenteilige Ziele. Lann Hornscheidt erklärt in zahlreichen Publikationen[39], dass eine diskriminierungskritische Sprachpraxis Texten unter anderem zusätzliche Präzision verleiht, indem diverse

Menschen nicht durch eine generische Form zusammengefasst werden, die eigentlich nur eine privilegierte Gruppe meint und als Standard darstellt. Sich präzise auszudrücken bedeutet auch, gesellschaftliche Vielfalt mitzudenken und sie sprachlich zu benennen. Derartige Sprachveränderungen haben insbesondere in marginalisierten[XII] Communitys bereits eine lange Tradition. Sprachliche Interventionen dienen dem Empowerment. Beispielsweise werden die Begriffe »heterosexuell« und »homosexuell« auf den österreichisch-ungarischen Schriftsteller Karl Maria Kertbeny zurückgeführt. Im späten 19. Jahrhundert hielt Kertbeny, der selbst schwul war, es für notwendig, sexuelle Normen zu benennen und zu definieren, um das preußische Sodomiegesetz überzeugend anfechten zu können, das schwule Handlungen verbot. Er war der Ansicht, das Gesetz würde gegen die Menschenrechte verstoßen, und er wollte dies mit neuen Begrifflichkeiten diskutierbar machen.[40] Heutzutage sind »heterosexuell« und »homosexuell« gängige Bezeichnungen. Aber immer wenn neue Wörter geprägt werden, ist die Wahrscheinlichkeit hoch, dass diejenigen, die sich nicht mit diesen Sprachveränderungen identifizieren, sie erst einmal ablehnen und als Einschränkung ihrer eigenen Meinung und Weltsicht interpretieren.

XII Marginalisierung beschreibt das gesellschaftliche Phänomen, bei dem bestimmte Personen oder Gruppen an den Rand gedrängt werden und Ausschlüsse erleben.

Adrian Daub beobachtet unter den Menschen, die in der Cancel Culture eine Gefahr sehen, ein Verständnis von Meinungsfreiheit, das es Einzelpersonen erlaubt, immer einfach zu sagen, was sie wollen, ohne sich irgendwelche Gedanken über die Gesprächssituation und das Gegenüber zu machen. Wenn diese Personen dann den Verdacht hegen, ihre Meinung und ihr unbedachtes Verhalten könnten irgendwen stören, empfinden sie das als Zumutung. Laut Daub messen solche Personen mit zweierlei Maß und bewerten das eigene Unwohlsein höher als das ihres Gegenübers. Deshalb kann es für Menschen, die sich für diskriminierungskritische Sprache einsetzen, gefährlich werden: Sich selbst auf eine Weise zu bezeichnen, die nicht dem mehrheitsgesellschaftlichen Verständnis von »normal« und angemessen entspricht, macht diese Personen unter Umständen zur Zielscheibe von Hass und Gewalt. Möglicherweise zensieren sich marginalisierte Menschen infolgedessen selbst.[41]

Neben Debatten über Zensur führt diskriminierungskritischer Sprachgebrauch häufig zu Diskussionen über sprachliche Schönheit. Ein gängiger Vorwurf lautet, politisch sensible Sprache sei nicht ästhetisch – als handle es sich bei politisch und ästhetisch um einen Widerspruch. Zum Beispiel wiesen uns in persönlichen Gesprächen Mitglieder der Literaturbranche darauf hin, dass bei einigen zeitgenössischen Büchern, die sie in letzter Zeit gelesen hatten, die politischen Entscheidungen zu stark in den Vordergrund gerückt würden. Die sprachliche Schönheit würde zu kurz kommen. Auch außerhalb der Verlagsbranche wird als Argument gegen genderinklusive Schreibweisen mit Sternchen, Unterstrich oder Doppelpunkt immer wieder vorgebracht, es verunstalte den Text oder tue dem Auge weh. Und ja, manchmal ist eine diskriminierungskritische Ausdrucksweise gewöhnungsbedürftig. Aber das schließt keineswegs einen ästhetischen Umgang mit Sprache aus (darauf kommen wir im letzten Kapitel »Gespräche führen/Kreative Ansätze« zurück).

Außerdem ist das, was als schön empfunden wird, sozial konstruiert. Schönheit wird zu verschiedenen Zeiten und an verschiedenen Orten unterschiedlich definiert. Leichter zu verstehen ist das vielleicht mit Beispielen aus der Mode: In den 1990er-Jahren waren Hüfthosen mit weitem Schlag in Deutschland der absolute Renner, in den 2010er-Jahren hingegen schmale High Waist Jeans. Die nigerianische Modedesignerin Folake Folarin-Coker erklärt in einem Interview mit der britischen *Vogue*,[42] dass vor zwanzig Jahren keine afrikanische Frau der oberen Mittelschicht einen Wax-Print-Fabric[XIII]-Mantel getragen hätte, was heute hingegen mit Stolz getan wird. Genauso wie sich der Geschmack für bestimmte Kleidungsstile über die Zeit an verschiede-

XIII Wax-Print Fabric bezeichnet die gemusterten Baumwollstoffe, die heute oft als typisch afrikanische Stoffe wahrgenommen werden. Frauen aus der afrikanischen Mittel- oder Oberschicht orientierten sich lange Zeit eher an westlicher Kleidung. Doch, wie Folarin-Coker erklärt, änderte sich der Modegeschmack mit der Zeit.

nen Orten wandelt, können Lese- und Sprechgewohnheiten sich verändern oder verändert werden.

Die Debatten, die – wie oben beschrieben – in der Kulturbranche so detailliert geführt werden und viele politische Facetten von Sprache aufzeigen, lassen sich auch auf andere Bereiche übertragen. Wir haben das Kapitel mit einem Verweis auf Geschichtsvermittlung begonnen: Über Kolumbus wird zum Beispiel im Geschichtsunterricht in der Schule gesprochen, und die Art und Weise, wie das getan wird, ist politisch. Sie hängt zudem eng mit der Gestaltung der Lehrmaterialien zusammen. Geschichtslehrer*innen, die sich im Unterricht diesem Thema kritisch widmen wollen, wünschen sich dazu mehr Auswahl an geeigneten Materialien.[43]

Auch wie Unternehmen kommunizieren, ist politisch. Um neue Mitarbeiter*innen zu finden, werden Stellenanzeigen veröffentlicht. Studien belegen, dass Frauen sich seltener auf Stellen bewerben, die mit dem generischen Maskulinum ausgeschrieben werden, und bei Vorstellungsgesprächen für solche Stellen weniger gut abschneiden.[44] In Deutschland gibt es bestimmte Konventionen, wie Ausschreibungen gestaltet sein müssen, denen teilweise ein rechtlicher Rahmen zugrunde liegt. So sind Arbeitgebende laut Allgemeinem Gleichstellungsgesetz verpflichtet, sicherzustellen, dass diese Anzeigen auf eine Weise formuliert sind, dass sich Menschen aller Geschlechter angesprochen und nicht diskriminiert fühlen. Bis 2017 waren Unternehmen verpflichtet, Frauen und Männer anzusprechen. Dann wurde vom Bundesverfassungsgericht eine weitere Option –

divers – verpflichtend gemacht. Innerhalb dieses rechtlichen Rahmens, der sich mit der Zeit wandeln kann, bleibt ein gewisser sprachlicher Spielraum bestehen: Wie unterschiedlich wirken zum Beispiel »Sachbearbeiter (m/w/d)« oder »Sachbearbeiter*in (m/w/d)«?[45] Vielleicht werden Stellenausschreibungen länger und aufwendiger zu verfassen, wenn eine vielfältige Zielgruppe angesprochen werden soll, aber sie werden gleichzeitig auch präziser und empowernder. Je nachdem, wie Stellenausschreibungen formuliert werden, vermitteln sie bestimmten Zielgruppen »Wir wollen dich« oder eben »Wir wollen dich nicht«.

Die hitzige Art und Weise, wie die politischen Dimensionen von Sprache in öffentlichen Debatten diskutiert werden, drängt die Beteiligten manchmal in extreme Positionen. In ihrem Buch *Sprache und Sein* kritisiert Kübra Gümüşay die »polarisierte Diskurskultur, die kaum Raum für Positionen jenseits des Lagerdenkens lässt«[46]. Wenn wir nun sagen, dass sprachliche Entscheidungen politisch sind, heißt das nicht, dass die Gespräche darüber unbedingt polarisierend sein müssen. Polarisierung ergibt sich oft aus Pauschalisierung und Verallgemeinerung, aber eine diskriminierungskritische Sprachpraxis ist auf das Gegenteil angelegt: Präzision und Nuancierung. Herausfordernd sind diese Gespräche dennoch oft, und manchmal rufen sie Gefühle wie Angst, Wut oder Frustration hervor. Bei diskriminierungskritischer Sprache geht es aber nicht darum, eine neue »richtige« Lösung für alle Lebenslagen und alle Menschen zu etablieren, sondern eine Offenheit für verschiedene Optionen und zeitgemäße Veränderungen mitzubringen. Jede Art der Kommunikation schließt bestimmte Zielgruppen ein und andere aus. Tatsächlich ist es in der Praxis unmöglich, *alle* Perspektiven einzubeziehen, wie wir im nächsten Kapitel darlegen. Das sollte Mitglieder einer Gesellschaft aber nicht davon abhalten, mehr Inklusion anzustreben.

5 DEMUT PRAKTIZIEREN

Macht Sprache 05:
Ein völlig diskriminierungsfreier Sprachgebrauch ist ein erstrebenswertes Ziel, aber in den meisten Fällen praktisch unmöglich. Die Bemühung um eine gerechtere Sprache ist ein bescheideneres Projekt und beinhaltet, dass Menschen demütig erkennen, was sie nicht wissen und für eine diskriminierungsärmere Praxis lernen müssen.

Es gibt Menschen, die die Forderungen nach einer diskriminierungskritischen Sprache befremdlich finden. Mehr noch: Einige denken, dass Wokeness[XIV] und politische Korrektheit außer Kontrolle geraten seien und dass die Cancel Culture das Recht auf Meinungsfreiheit beschneiden würde. Solche Kritiker*innen präsentieren, wie im Kapitel zuvor beschrieben, gerne eine Version der Argumente für einen diskriminierungskritischen Sprachgebrauch, die tatsächlich selten geäußert wird – zum Beispiel, dass Verfechter*innen sensibler Sprache sich die alleinige Deutungshoheit anmaßen würden und

XIV Wokeness wird hier als Zuschreibung und Kritik an Menschen, die sich für diskriminierungskritisches Sprechen und Handeln einsetzen, wiedergegeben. Wo der Begriff »woke« seinen Ursprung hat und wie er sich gewandelt hat, erklären wir in Kapitel 14, »Monolingualism is dead«.

dass es ihr Ziel sei, jegliche Diskriminierung aus der Sprache zu entfernen und *alle* Perspektiven einzubeziehen. Tatsächlich ist die Bemühung um diskriminierungskritische Sprache ein viel bescheideneres Projekt – wenn auch in ihrer Bescheidenheit anspruchsvoll genug. Es ist unmöglich, *alle* Standpunkte einzubeziehen, und es gibt keine völlig diskriminierungs*freie* Sprache. Dies sollte Mitglieder einer Gesellschaft jedoch nicht davon abhalten, erstrebenswerte Ziele zu verfolgen, sondern daran erinnern, dass sie mit Demut anzugehen sind.

Sprachgebrauch kann darauf abzielen, sich unterdrückerischen Machtstrukturen zu widersetzen. Diese Bemühungen finden aber immer innerhalb von persönlichen und strukturellen Grenzen statt, die eine Haltung der Demut erfordern. Um das deutlich zu machen, unternehmen wir eine kurze Reise nach Bali. Khairani Barokka ist eine beHinderte minang-javanische Schriftstellerin und Künstlerin aus Jakarta und beschäftigt sich in ihrer Arbeit mit Antikolonialismus und Gerechtigkeit für Menschen mit BeHinderung. In einem Essay berichtet sie von einer Performance der balinesischen Künstlerin und Aktivistin Cok Sawitri: Bei einem Festival in Bali hielt Cok einen urkomischen Monolog über die schädlichen Auswirkungen des Tourismus auf ihre Heimatprovinz; über die kleinen Handlungen des Widerstands der lokalen Bevölkerung, die durch die wirtschaftlichen Umstände gezwungen sind, sich den Erwartungen der Tourist*innen und ihren Mythen von der »Paradiesinsel« anzupassen. Mit der Performance kritisierte Cok den Bali-Tourismus – und damit hauptsächlich privilegierte *weiße* Menschen, die sich in ihrem Reiseland nicht immer interessiert und respektvoll verhalten.

Cok hielt diesen Monolog auf Indonesisch und Balinesisch vor einem Publikum, das sich aus Indonesier*innen und internationalen Tourist*innen zusammensetzte, ohne Übersetzung in andere Sprachen. Das gesamte Publikum klatschte am Ende begeistert, aber, wie Khairani Barokka in ihrem Essay feststellt, aus völlig unterschiedlichen Gründen: »Those of us who understood Cok's monologue, untranslated that night, were complicit in her conceit, and it made us proud. Those who did not understand her words were, with their applause, extending the piece's affect, confirming how successful it was, a double-edged sword.«[47] Es gab diejenigen, die Coks mehrsprachigen Monolog auch ohne Übersetzung verstanden. Sie machten sich zu Kompliz*innen von Cok, die Teile des Publikums absichtlich hinterging. Diejenigen, die Cok nicht verstanden, klatschten, ohne zu merken, dass sie gerade kritisiert worden waren, was laut Khairani Barokka zum Erfolg der Performance beitrug.

In Kapitel 3 haben wir darauf hingewiesen, wie Sprache subversiv eingesetzt werden kann, um gegen unterdrückerische Macht, wie beispielsweise die des Kolonialismus, vorzugehen. In Coks Performance, die sich im Wesentlichen über Tourist*innen lustig machte – in einer Sprache, die sie nicht verstanden –, ist diese Art von Widerstand erkennbar. Die ausbeuterischen Formen des Tourismus zu kritisieren, die Tourist*innen ins Lächerliche zu ziehen und dafür von ebendiesen Tourist*innen Beifall zu bekommen, ist eine kraftvolle subversive Geste.

Khairani Barokka schätzt Coks Performance, in der die eigene Sprache für alle, die sie verstehen, zu einem Schutzraum wird. Gleichzeitig ist die Sprache für diejenigen, die sie einschließt, eine Waffe gegen die Unterdrückung. Die lokale Bevölkerung in Bali ist oft weniger mächtig als und abhängig von Tourist*innen, aber in diesem Moment zeigt Cok, welchen (sprachlichen) Handlungsspielraum sie dennoch haben. Doch während Khairani Barokka Cok Sawitris Performance zunächst als Waffe gegen Unterdrückung und als Schutzraum schätzt, reflektiert sie Jahre später, wen der Schutzraum neben den Mächtigen noch ausschließt: gehörlose und hörbeeinträchtigte Menschen zum Beispiel, ob sie zur lokalen Bevölkerung gehörten oder nicht. Einerseits entsteht hier also ein Akt des Widerstands gegen die Mächtigen, gleichzeitig wird eine Art ableistischer Diskriminierung aufrechterhalten.

Hätte die Performance in Gebärdensprache verdolmetscht werden können? Wenn ja, welche? Wäre dann der subversive Akt noch angekommen, oder wäre er ein ganz anderer geworden? Khairani Barokka stellt fest, dass diese Fragen eine demütige Haltung erfordern. (Fehlende) Übersetzungen, sprachliche Schutzräume und sprachlicher Widerstand müssen strategisch priorisieren und möglicherweise unbewusste Ausschlüsse für die eigenen Ziele in Kauf nehmen. Sie betont deshalb, dass Menschen für eine strategische Verwendung von

Sprache demütig zugeben sollten, was sie nicht wissen und noch lernen müssen.[48]

Trotz aller guten Absichten, einer heterogenen Gesellschaft gerecht werden zu wollen, ist eine vollständig diskriminierungsfreie Sprache unerreichbar. Jeder Versuch bleibt eine Annäherung. Aber wer eigene Wissenslücken erkennt, kann sich Unterstützung holen. Es gibt mittlerweile viele Diversity-Trainer*innen und Inklusionsberater*innen, die Institutionen, Vereine oder Unternehmen dabei unterstützen, gerechtere Strukturen zu schaffen. Eine Auseinandersetzung mit Sprache und das Erlernen von neuen Begrifflichkeiten gehört zu einem solchen Angebot dazu.

Auch in der Literaturbranche wird es immer üblicher, Diskriminierung aktiv mitzudenken und zu reduzieren. Hadija Haruna-Oelker ist Journalistin, Moderatorin und Autorin, aktives Mitglied der Initiative Schwarze Menschen in Deutschland und der Neuen Deutschen Medienmacher*innen. Wir haben sie zuvor bereits als eine der Übersetzerinnen von Amanda Gorman erwähnt. In ihrem Buch *Die Schönheit der Differenz: Miteinander anders denken* sucht sie einen konstruktiven Umgang miteinander in einer heterogenen Gesellschaft und damit unter anderem auch nach Wegen für eine offene und zugewandte Gesprächskultur. Gleich zu Beginn erwähnt sie, dass sie sich für ein diskriminierungskritisches Lektorat – ein sogenanntes Sensitivity Reading – entschieden hat, weil nicht alle Perspektiven von ihr selbst oder durch das verlagsinterne Lektorat repräsentiert werden. Drei verlagsexterne Lektor*innen, Rose Daniela Amakye, Yezenia Léon Mezu und Maria González Leal, prüften Teile ihres Manuskripts hinsichtlich verschiedener Diskriminierungsformen. Sie brachten unter anderem ihre Perspektiven und Expertisen zu anti-Schwarzem Feminismus, Intergeschlechtlichkeit, Queerness, Politiken fetter Körper und nicht sichtbaren BeHinderungen in das Buch ein. Das Verfassen von Texten ist Haruna-Oelkers Handwerk. Im Buch erklärt sie, dass sie ihr Werkzeug verantwortungsvoll nutzen, diversitätssensibel darstellen und beschreiben sowie sich ästhetisch und authentisch ausdrücken möchte. Doch *alle* Perspektiven zu repräsentieren und zu berücksichtigen ist auch mithilfe von unterschiedlich positionierten Lektor*innen schier unmöglich. Haruna-Oelker nähert sich ihrem anspruchsvollen Ziel aber demütig an, soweit es eben geht.

Neben Diversity-Trainings und diskriminierungskritischen Lektoraten wird Übersetzung oft als Strategie genutzt, um Barrieren abzubauen und Zugänge zu schaffen. Beispielsweise in öffentlichen Verkehrsmitteln werden Informationen meist in mehreren Sprachen verkündet. Aber dabei werden bestimmte Sprachen priorisiert – in Deutschland häufig deutsche, englische und manchmal französische Lautsprache. Auf diese Weise werden weniger mächtige Gruppen, zum Beispiel gehörlose und hörbeeinträchtigte Menschen, ausgeschlossen. Wer die genannten Lautsprachen nicht spricht, hat also nicht den gleichen Zugang zu den Informationen. Nicht jede Sprache ist gleich, und vollständig inklusive Kommunikation ist eine Utopie.

Eine reflektierte und demütige Haltung in Bezug auf das eigene (Un-)Wissen ist sowohl in Khairani Barokkas Auseinandersetzung mit der Perfomance in Bali als auch in Hadija Haruna-Oelkers Wunsch, ihr Buch diskriminierungskritisch lektorieren zu lassen, erkennbar. Wenn Unternehmen und Institutionen sich von außen Unterstützung für eine diversitätsorientierte Organisationsentwicklung holen, können es ähnliche Beweggründe sein. Bei der Entscheidung für oder gegen bestimmte Sprachen oder Ausdrucksweisen steht für Khairani Barokka und Hadija Haruna-Oelker die Reflexion über Beziehungen zwischen Menschen und ihre unterschiedlichen Positionierungen im Zentrum. Damit berücksichtigt diskriminierungskritisches Handeln ungerechte Systeme und richtet sich gegen sie. Sprachhandlungen können also Teil eines demütigen Hinarbeitens auf erstrebenswerte Ziele sein.

In diesem Kapitel haben wir erläutert, warum das Projekt eines diskriminierungskritischen Sprachwandels tatsächlich bescheiden und dennoch anspruchsvoll genug ist. Es ist wichtig, sich erstrebenswerte Ziele zu setzen, auch wenn die größten Bemühungen nie *alle* Perspektiven berücksichtigen können. Weiterhin findet Sprachgebrauch innerhalb von Strukturen statt, die Diskriminierung auf verschiedenen Ebenen erzeugen, die sich gegenseitig bedingen: zwischenmenschlich, kulturell und institutionell. Es gibt Grenzen, sowohl persönliche als auch strukturelle, die anerkannt werden müssen. Das muss Mitglieder einer Gesellschaft aber nicht davon abhalten, erstrebenswerte Ziele zu verfolgen.

6 UMGANG MIT VERLETZENDER SPRACHE

Macht Sprache 06:

Sprache macht etwas mit Menschen. Im richtigen Moment kann durch ein lautes »Scheiße!« Druck abgelassen oder ein Schmunzeln ausgelöst werden. Aber Beleidigungen können Menschen umhauen und sich wie eine Gewalttat anfühlen. Manche Schimpfwörter verursachen großen Schaden, gerade weil sie ein Ausdruck gewalttätiger Machtstrukturen sind. Eine diskriminierungskritische Sprachpraxis ist sich dessen bewusst und verzichtet auf Sprachhandlungen, die ungerechte Systeme aufrechterhalten.

Fluchen kann kathartisch wirken: Studien legen nahe, dass Menschen Schmerzen länger ertragen, wenn sie fluchen dürfen.[49] Aber Fluchen kann auch sehr verletzend sein, vor allem, wenn es als Waffe benutzt wird, um einer Person wehzutun. Derartige Sprache macht etwas mit Menschen, emotional und manchmal sogar körperlich. Die britische Philosophin Rebecca Roache unterscheidet in ihrem Buch *For F*ck's Sake: Why Swearing is Shocking, Rude, and Fun* zwischen »slur«, Beleidigung, und »swear«, Schimpfwort. Sie erklärt »swearing« so, dass Menschen Schimpfwörter in Situationen benutzen, in denen sie verärgert, überrascht oder überglücklich sind.

In solchen emotionalen Momenten können laut ausgestoßene Schimpfwörter befreiend wirken, aber – und das ist wichtig – sie richten sich nicht direkt gegen andere Personen, wie das bei »slurs«, also bei Beleidigungen, der Fall ist.[50] Ihr Ansatz ist plausibel, solange sich das »swearing« auf Fäkalsprache bezieht. Bei einem überraschenden Lottogewinn lässt sich gut ein freudiges »Ach du Scheiße!« rufen, ein unerwarteter Sturzregen bei einem Spaziergang verdient vielleicht ein lautes »Kacke!« und ein Kaltgetränk, das zu lange in der Sonne stand, den verärgerten Kommentar: »Das schmeckt nach warmer Pisse!«

Aber im Deutschen gibt es auch Ausrufe der Verärgerung, die ableistisch, heterosexistisch oder anderweitig diskriminierend sind. Je nachdem, mit welchem Schimpfwortkanon eine Person aufgewachsen ist, ruft sie im Stau auf der Autobahn oder beim versehentlichen Fallenlassen eines Glases vielleicht wie automatisch etwas Ableistisches, um ihrem Ärger Luft zu machen. (Zu Erklärungszwecken wiederholen wir hier einmal kurz drei konkrete Beispiele. Es geht um Sätze wie »Ich Idiot!«, »Wie dumm kann man sein!« oder »Das ist doch behindert!«) Es kann sein, dass bei der Erwähnung der beleidigenden Begriffe keine beHinderte Person in der Nähe ist und der Ausruf niemanden ansprechen soll. Roache behauptet, dass viele Menschen unterscheiden, ob ein Wort wie gerade beschrieben erwähnt oder tatsächlich benutzt wird. Dementsprechend wäre es problematischer, einer beHinderten Person einen der genannten Sätze als Beleidigung direkt ins Gesicht zu sagen. Der bloßen Erwähnung scheinen einige Menschen toleranter gegenüberzustehen. Aber diese Art der Toleranz kann nicht vorausgesetzt werden, und eine gewisse Herabwürdigung passiert dennoch. Einige Begriffe triggern von Diskriminierung betroffene Personen, auch wenn sie »nur« erwähnt werden und nicht beleidigen sollen. Immer wieder werden Fälle in den Medien diskutiert, bei denen es um die unterschiedliche Wirkung von Erwähnung und Benutzung geht. So stand der ehemalige Oberbürgermeister von Tübingen, Boris Palmer, in der Kritik, weil er bei einer öffentlichen Veranstaltung mehrfach hintereinander das N-Wort aussprach. Er verteidigte sich damit, dass ein »simpler Sprechakt« – also die Erwähnung des Begriffs – nicht schlimm sei, wenn er damit niemanden direkt anspräche. Dennoch demonstrierten zahlreiche Studierende gegen Palmers Verhalten.[51]

Das N-Wort ist in Bezug auf »slurs«, also Beleidigungen, ein wichtiges Beispiel, weshalb wir im Folgenden etwas genauer darauf eingehen. Die Aktivistin und Pädagogin Glenda Obermüller ist Teil der Initiative N-Wort stoppen, die Schwarze Aktivist*innen und Kommunalpolitiker*innen aus der Region Köln 2019 ins Leben riefen. In einem Interview sagt sie: »Schwarze Menschen verbinden mit dem N-Wort Schmerz, Erniedrigung und Entmenschlichung. Weiße Menschen sollten sich fragen, warum sie dieses Wort unbedingt weiter benutzen wollen.«[52]

Kendrick Lamar, der mit dem Pulitzer-Preis ausgezeichnete US-amerikanische Rapper, lud 2018 während seines Auftritts auf dem Musikfestival Hangout in Alabama eine *weiße* Frau aus seiner Fangemeinschaft auf die Bühne ein, um ihn bei einem Song zu begleiten. Als sie wiederholt das N-Wort benutzte, das im Text des Liedes häufig vorkommt, stoppte er die Musik und wies sie an, dieses Wort beim Rappen zu vermeiden. Das Publikum buhte sie aus, und in den folgenden Tagen und Wochen äußerten sich verschiedene Kulturkommentator*innen zur Frage, wer dieses Wort aussprechen dürfe und wer nicht. Der Vorfall verdeutlicht ein wachsendes gesellschaftliches Bewusstsein für die Tatsache, dass bestimmte Wörter eine starke negative Wirkung haben. Wer rassistische Begriffe wie den erwähnten verwendet, bewirkt damit etwas.

In diesem Kapitel geht es darum, dass Sprache verletzen kann. Wir betrachten die Wirkung von individuellen Handlungen im größeren gesellschaftlichen Kontext. Letztendlich interessiert uns aber, wie Sprache genutzt werden kann, um Verletzungen zu verringern, gegen diskriminierende Strukturen zu arbeiten und Solidarität zu praktizieren.

Es beginnt damit, dass Sprache mehr macht, als bloß Ideen auszudrücken – was folgende Aussagen deutlich zeigen: Wer »Ich kündige« sagt, beendet tatsächlich das bisher bestehende Arbeitsverhältnis. Wer »Das verspreche ich dir« sagt, verpflichtet sich, etwas Bestimmtes zu tun. Der britische Sprachphilosoph John Langshaw Austin stellte Mitte des 20. Jahrhunderts fest, dass es bestimmte Arten von Äußerungen gibt, die das Gesagte auch unmittelbar vollziehen. So lässt sich erklären, dass

Sprache nicht nur von Gewalt berichten oder zur Gewalt aufrufen kann. Sprache selbst kann eine Form von Gewalt sein und Menschen direkt attackieren und verletzen.[53] Auf der individuellen Ebene verletzen Beleidigungen und diskriminierende Begriffe Einzelpersonen, schließen sie aus oder sprechen ihnen ihre Existenz ab.

Eine extreme Form von sprachlicher Gewalt ist die Hassrede oder Hate Speech. Sprache wird in solchen Fällen als Waffe eingesetzt, die sich gegen bestimmte Personen oder Personengruppen richtet. Sie werden schlechtgemacht, beleidigt oder bedroht. Welche dramatischen Folgen Hate Speech haben kann, hat sich in der deutschen Geschichte besonders in der Nazipropaganda gezeigt. Die Nazis nutzten ihre Macht, um wortgewandt gegen bestimmte Gruppen zu hetzen. In der Folge wurden unzählige Menschen ermordet, die zuvor auch sprachlich als minderwertig kategorisiert worden waren.

Hate Speech stachelt an. Es ist eine extreme Form sprachlicher Gewalt, die auch heute weiterhin ernst genommen werden muss. In Zeiten der Digitalisierung mit Bots und Trolls haben sich nämlich unzählige neue Möglichkeiten aufgetan, bestimmte Personen oder Gruppen mit Hass zu überrollen. Viele Beleidigungen sind eine Art der Benennung mit negativen Konnotationen. Analysen der am häufigsten verwendeten Beleidigungen und ihrer Zielgruppen vermitteln nach wie vor ein Bild der gesellschaftlichen Machtverteilung. Die Gruppen, für die es die meisten schädlichen Bezeichnungen gibt, befinden sich im gesellschaftlichen Machtverhältnis in einer schwachen Position. In patriarchalen Gesellschaften, in denen Frauen zu Sexobjekten degradiert werden, finden sich beispielsweise besonders viele, teils drastische Beleidigungen für Frauen.[54] Sie sind ein Ausdruck sexualisierter Gewalt. Für die mächtigsten gesellschaftlichen Gruppen gibt es in Deutschland hingegen deutlich weniger beleidigende Begriffe. Diese sind es generell nicht gewohnt, benannt zu werden. Gegen die Versuche nicht privilegierter Gruppen, Menschen in Machtposition zu benennen – sei es zu Analysezwecken oder zur Sichtbarmachung von Ungerechtigkeiten –, gibt es heftige und oft wirkungsvolle Gegenreaktionen. Diejenigen, die als »alte *weiße* Männer«, »Almans« oder »Kartoffel« bezeichnet werden, reagieren manchmal empfindlich. Diese Begriffe haben großes widerständiges Potenzial, und trotzdem sind sie zunächst schlichte Beschreibungen der Race, des Geschlechts, der Nationalität, oder es handelt sich einfach um ein Gemüse. Im Vergleich zu den abwertenden Bezeichnungen für Genitalien, starke Gerüche, Dreck oder (unbeliebte) Tiere, denen sich marginalisierte Personen oder Gruppen ausgesetzt sehen, wirken jene für die mächtigeren Gruppen recht harmlos. Vielleicht helfen diese wenigen Varianten der Benennung von Menschen in Machtposition aber trotzdem, dass auch sie die Wirkung von Sprache besser nachvollziehen können – denn wenn sie sich darüber ärgern und sich beleidigt fühlen, wird deutlich, dass Sprache etwas mit ihnen macht.

Leute reagieren unterschiedlich auf Schimpfwörter. Auch hier spielen Macht und Positionierung eine Rolle, wie die Beispiele Boris Palmer und Kendrick Lamar zeigen. Die Geschichte des N-Wortes ist eine rassistische. Der Begriff ist eingebettet in koloniale Klassifizierungssysteme, die nicht nur *weiße* von Schwarzen, sondern auch anders rassifizierte Gruppen voneinander abgrenzen sollten.[55] Der Sprachwissenschaftler Anatol Stefanowitsch betont außerdem die bereits erwähnte Ungleichverteilung von Schimpfwörtern: »Es gibt kein Wort für weiße Menschen, dessen Bedeutungsgeschichte auch nur entfernt an die gewaltvolle Bedeutungsgeschichte und abwertende Wirkung von Wörtern wie N~ heranreicht.«[56] Dennoch ist der Begriff im Hip-Hop alltäglich. Aufgrund der ungleichen Machtverteilung und der Begriffsgeschichte macht es jedoch einen Unterschied, ob Schwarze Künstler*innen ihn verwenden oder *weiße* Fans ihn wiederholen.

Hip-Hop gehört heute vielleicht zur Mainstreamkultur, seine Ursprünge nahm er aber als counterculture, als Gegenkultur: Hip-Hop bildete sich als Genre von afroamerikanischen Künstler*innen für ein Schwarzes Publikum heraus, auch wenn er inzwischen auch eine große *weiße* Fangemeinde hat.[57] Die afroamerikanische Linguistin Jacquelyn Rahman untersuchte die verschiedenen Bedeutungen, die das N-Wort für Mitglieder der afroamerikanischen Community haben kann: Für Menschen, die sich dieser Gruppe zuordnen, hat der Begriff über Generationen hinweg eine Bedeutung erlangt, die auf das Bewusstsein eines gemeinsamen Hintergrunds und einer gemeinsamen Geschichte verweist. Da dieses Bewusstsein als geteilt und verstanden angesehen wird, kann die Verwendung des N-Worts durch Mitglieder dieser Community, so Rahman, manchmal als Ausdruck der Solidarität dienen. In solchen Fällen kann es auf die geteilte Erfahrung rassistischer Ungerechtigkeit verweisen – einschließlich der Geschichte der Versklavung und heutiger rassistischer Praktiken im Rechtssystem und bei der Polizei. Hip-Hop selbst, so Rahman, ist aus einer Kultur des Überlebens entstanden und lehnt in seiner Aneignung des Begriffs (sie weist darauf hin, dass auch eine phonetische Anpassung von einer Endung auf -er zu -a stattgefunden hat) dessen rassistische Verwendung ab und bekennt sich zu Selbstbewusstsein und Unabhängigkeit.

Ihrer Studie zufolge gilt das Wort bei einer selbst gewählten Verwendungsweise also für manche Mitglieder der Schwarzen Community als empowernde Aneignung. Es kann in diesen spezifischen Situationen laut Rahmans Studie auf die gemeinsame identitätsstiftende Erfahrung des Überlebens verweisen. Gleichzeitig gibt es innerhalb von Schwarzen Communitys unterschiedliche Meinungen zur Weiterverwendung des Begriffs, und manche setzen sich dafür ein, ihn komplett aus dem Sprachgebrauch zu entfernen.[58]

Weiße Menschen stehen in einem anderen Verhältnis zu diesem Begriff, da sie historisch gesehen und bis heute Nutznießende der Systeme *weißer* Vorherrschaft sind, in denen Begriffe wie das N-Wort zur Durchsetzung von Gewalt verwendet werden. W*eiße* Menschen haben also eine andere Beziehung zu dem Begriff und können nicht an Prozessen teilhaben, die seiner Wiederaneignung dienen oder ihm eine neue Bedeutung geben.[59] Mit der Weiterverwendung des Begriffs drücken *weiße* Menschen (bewusst oder unbewusst) die Unterstützung eines Systems aus, das mehr als bloß sprachliche Verletzungen verursacht.

Sämtliche möglicherweise verletzenden Begriffe aus der Sprache zu tilgen kann jedoch auch kontraproduktive Folgen haben: Es kann dazu führen, dass die gewaltvolle Geschichte, die solche Begriffe und ihren schädlichen Inhalt hervorbringt, unsichtbar gemacht wird. Auf diese Weise wird es womöglich schwieriger, über die Probleme zu sprechen, für die diese Begriffe symptomatisch sind. Dann könnten gewaltvolle Vorfälle vielleicht manchmal schwerer thematisiert werden – was aber notwendig ist, um gegen die zugrunde liegenden Strukturen vorgehen zu können.

Die Verwendung von verletzender Sprache in Erzählungen oder Berichten wird beispielsweise häufig damit begründet, dass gerade diese Sprache die Sprecher*innen als (hetero)sexistisch, ableistisch, rassistisch und so weiter markiert. So dienen sie der Sichtbarmachung einer gewaltvollen Geschichte. Ob die einmalige oder mehrfache Wiederholung verletzender Begriffe tatsächlich notwendig ist, ist jedoch für jeden Einzelfall neu auszuhandeln. Es gibt zum Beispiel auch andere Strategien, Gewalt darzustellen. Die äthiopisch-amerikanische Schriftstellerin Maaza Mengiste erzählt in ihrem preisgekrönten Roman *Der Schattenkönig* vom Krieg zwischen Italien und Äthiopien in den 1930er-Jahren. Mengiste versuchte bewusst, die kolonial-rassistische Gewalt der italienischen Figuren durch ihre Handlungen und nicht durch ihre Wortwahl auszudrücken.

Wenn verletzende Sprache zum Beispiel zu Aufklärungszwecken absichtlich genutzt oder Gewalt anderweitig dargestellt wird, ist es sinnvoll, dies kenntlich zu machen. In Publikationen oder bei Veranstaltungen bieten sich Trigger- oder Content-Warnungen an. Wenn vor einer Veranstaltung angekündigt wird, dass bestimmte Begriffe benutzt werden, oder einer Publikation vorangestellt wird, dass diskriminierende Sprache zu Erklärungszwecken wiedergegeben wird, kann sich das Publikum darauf vorbereiten beziehungsweise im Vorhinein entscheiden, ob es damit konfrontiert werden möchte. Außerdem gibt es die Möglichkeit, eine kritische Distanzierung von verletzenden Begriffen deutlich zu machen, was möglicherweise (minimal) dazu beiträgt, die verletzende Wirkung zu mindern. Dafür können zum Beispiel verschiedene Schreibweisen verwendet werden – Sternchen, Kursivschrift, Wörter durchstreichen oder nicht ganz ausschreiben –, die helfen, es visuell zu unterbrechen. Darauf gehen wir in Kapitel 15 noch ausführlicher ein.

Sprache ist ein mächtiges Mittel, und nicht nur einzelne beleidigende Begriffe können zu Verletzungen führen. Im gängigen Sprachgebrauch sind generell gesellschaftliche Normen verankert, und etablierte sprachliche Gepflogenheiten spiegeln oft auf verletzende Weise wider, welche Menschen und Handlungen in einer Gesellschaft abgelehnt werden. Ein Beispiel dafür ist, wie in Kapitel 2 thematisiert, das Beharren auf einer Geschlechterbinarität – einer Zweigeschlechtlichkeit –, die bei Pronomen, aber auch bei den meisten Personenbezeichnungen nur männliche und weibliche Formen zulässt. Die Zweigliedrigkeit als Norm ist in diesen Sprachgebrauch hineingeschrieben. Wenn eine Gesellschaft sich also gegen entsprechende Veränderungen sträubt, werden Menschen, die nicht in die konstruierte Norm passen, ständig daran erinnert, dass die Gesellschaft sie implizit als abweichend versteht, als falsch. Ihnen wird weder in der verwendeten Sprache noch in der Gesellschaft Raum gegeben.

Wer bei der Deutschen Bahn ein Onlineticket buchen will, muss verpflichtend eine Anrede auswählen, obwohl es fraglich ist, warum die Identifizierung mit einem Geschlecht dafür notwendig sein sollte. Bis Januar 2023 waren »Herr« und »Frau« die einzigen Optionen. Personen, die sich weder als das eine noch als das andere identifizieren, mussten sich für den Kauf eines Tickets gegen ihren Willen in eine der vorgegebenen Kategorien zwängen. Eine nichtbinäre Person klagte daraufhin, und die Deutsche Bahn wurde verpflichtet, eine genderfreie Option in ihrem Fahrkartenbuchungssystem anzubieten.[60] Veränderung ist möglich – auf individueller und auch auf institutioneller Ebene. Die Deutsche Bahn musste mithilfe eines Gerichtsverfahrens zu der Veränderung gezwungen werden. Aber in den meisten individuellen Fällen können Menschen sich frei entscheiden, ob sie mit ihrem Sprachgebrauch verletzen wollen oder nicht.

Für Mitglieder einer Gesellschaft stehen bei der Beurteilung der Frage, ob sie verletzen wollen oder nicht, unterschiedliche Einsätze auf dem Spiel. Lann Hornscheidt weist auf Folgendes hin: Wer sich gegen sprachliche Veränderungen wehrt, sollte sich fragen, für wen die Veränderung unbequem, für wen die Formulierung unschön ist – und für wen die etablierte Norm das Leben weniger lebenswert macht: »[F]ür welche Personen ist es überlebenswichtig, mal vorzukommen [...] und sich nicht immer ausgegrenzt zu fühlen, für welche Personen ist es wichtig, nicht immer über Sachen hinweg lesen zu müssen«.[61]

Diskriminierende Sprache verursacht Schaden. Die Person, die gegen die Deutsche Bahn klagte, empfand die Zuschreibung von Männlichkeit als einen Angriff auf die eigene Persönlichkeit, der zu deutlichen psychischen Belastungen führe.[62] Diskriminierungskritische Sprache ist wichtig, weil sie dazu beitragen kann, diese Verletzungen zu verringern. Außerdem kann ein diskriminierungskritischer Umgang mit Sprache Verunglimpfungen und Respektlosigkeiten als solche sichtbar machen und so wiederum zu einem strukturellen Wandel beitragen. Hornscheidt erklärt: »Sprachveränderung ist das, was Menschen, die diskriminiert werden, machen, um zu überleben. Es sind immer Angebote, um mit anderen in Kontakt zu treten. Es ist eine wunderschöne Geste, die sagt: Ich möchte anwesend sein.«[63]

In der Antidiskriminierungsarbeit spielt Kommunikation deshalb eine wichtige Rolle. Es gibt verschiedene Ansätze, die helfen sollen, sprachliche Verletzungen zu reduzieren. Am bekanntesten ist vielleicht Marshall B. Rosenbergs Konzept der Gewaltfreien Kommunikation.

Als er 1943 als Kind nach Detroit umzog und eine neue Schule besuchte, wurde Rosenberg antisemitisch beleidigt. Außerdem gab es im selben Jahr in der Stadt große Proteste gegen den vorherrschenden Rassismus. Diese Erlebnisse waren der Auslöser für ihn, sich mit verbindender Kommunikation auseinanderzusetzen. Sein Leben lang beschäftigte er sich mit einer Art des Sprechens und Zuhörens, der eine einfühlsame Haltung des gegenseitigen Gebens zugrunde liegt. Diese und ähnliche Methoden verringern sprachliche Verletzung und können erlernt werden. In vielerlei Hinsicht ist ihre Verwendung ein Ausdruck von Solidarität.

In Teil 1, »Steiniges Terrain«, haben wir erläutert, dass ein Schritt zur Verminderung von Diskriminierung darin besteht, zu erkennen, dass sie sprachlich passieren oder mithilfe von Sprache stattfinden kann. Das Verständnis für und Verhältnis zu diesem Problem wird durch die jeweilige Positionierung eines Menschen beeinflusst. Die Positionierung hängt wiederum mit den Privilegien zusammen, die Menschen genießen oder nicht, und mit dem eigenen Verhältnis zu Machtstrukturen.

In Teil 2, »Ausgangspunkte«, haben wir einige Grundannahmen für unsere Herangehensweise in diesem Buch dargelegt, was die Beziehung zwischen Sprache und Diskriminierung betrifft. Diese Teile liefern Konzepte und Prämissen, die uns in Teil 3 zu möglichen Handlungsoptionen führen. In Kapitel 4 haben wir zunächst argumentiert, dass zahlreiche Sprachhandlungen schon von vornherein politisch sind. Die Ablehnung von Veränderungen bedeutet daher, implizit bestehende Normen am Leben zu halten. Diskurse verändern sich, und so kann auch das, was als angemessen und sensibel gilt, verändert werden. Damit sich eine produktive Diskussionskultur entwickeln kann, ist es notwendig, solchen Veränderungen Offenheit entgegenzubringen. In Kapitel 5 sind wir auf den Wert von erstrebenswerten Zielen eingegangen, auf die Mitglieder einer Gesellschaft hinarbeiten können. Diese Arbeit bedarf immer einer gewissen Demut, denn eine völlig diskriminierungsfreie Sprache in einer ungerechten Gesellschaft ist nicht erreichbar. Aufbauend auf den gewonnenen Erkenntnissen haben wir in diesem Kapitel aufgezeigt, dass ein Bewusstsein für sprachliche Diskriminierung Sprechenden erlaubt, Sprachentscheidungen mit Bedacht zu treffen. Wer spricht, kann mit dem eigenen Sprachgebrauch schädliche Systeme untergraben oder sich zumindest weigern, sie zu reproduzieren.

Im nun folgenden Teil 3, »Mögliche Wege«, bieten wir konkrete Vorschläge, wie eine diskriminierungskritische Sprachpraxis umgesetzt werden kann.

TEIL 3
MÖGLICHE WEGE

7 KOLLABORATIVE WISSENS-PRODUKTION

Macht Sprache 07:
Niemand ist Expert*in für alles. Kollaboration ermöglicht die Zusammenführung von unterschiedlichen Perspektiven und Erfahrungen. Kollektives Arbeiten und Handeln kann zwar zu langwierigen und frustrierenden Aushandlungsprozessen führen, aber eine diskriminierungskritische Sprachpraxis entsteht nur mit vielseitigem (Erfahrungs-)Wissen.

Deutschsprachige Fans der Harry-Potter-Reihe waren so ungeduldig, eine deutsche Übersetzung des fünften Bandes in die Hände zu bekommen, dass sich Tausende von ihnen in einem temporären Onlinekollektiv zusammenschlossen und den 768 Seiten starken *Harry Potter und der Orden des Phönix* in nur 45 Stunden gemeinsam übersetzten. Zu den Hobby-Übersetzenden gehörten nicht nur Studierende, auch ein 50-jähriger Mechaniker beteiligte sich.[64] Das Beispiel ist ein guter Beweis für die eindrucksvollen Ergebnisse, die Menschen gemeinsam erzielen können.

Wir schreiben dieses Buch bewusst zu zweit und legen auch bei der Umsetzung unserer Projekte *poco.lit.* und macht.sprache. Wert auf Kollaboration. Ein Grund dafür ist, dass uns die Vorstellung des Genies, das in der einsamen Zurückgezogenheit des Elfenbeinturms universelles Wissen produziert, zunehmend altbacken und nicht repräsentativ für die Arbeitsweisen von Menschen in einer sich globalisierenden und digitalisierenden Welt zu sein scheint. Die Vorstellung eines einsamen kreativen Genies kann auch als europäisches Konstrukt verstanden werden. Es gibt zahlreiche Beispiele aus nicht europäischen Kontexten, die alternative Perspektiven aufzeigen.

Im Globalen Süden (Kapitel 9) ziehen etliche Kulturen zum Beispiel Formen des mündlichen Erzählens (*oral storytelling*) heran, das auf dem kollektiven Wissen einer Community über ihre eigene(n) Geschichte(n) basiert. Durch das Weitererzählen bestimmter Erkenntnisse oder Ereignisse wird gemeinsam Wissen über die Welt produziert, überarbeitet und ergänzt. Es ist unwahrscheinlich, dass sich diejenigen, die über das Erzählen Wissen weitergeben, als alleinige Autor*innen verstehen. Doch nicht nur die Geschichten an sich sind eine Form von Kollaboration, auch das Publikum ist Teil dieses Prozesses. Zwischen der erzählenden Person und den Zuhörenden entsteht eine Wechselwirkung, und die Reaktionen aufeinander bilden einen wichtigen Teil der (Re-)Produktion und Weiterentwicklung.[65]

Praktiken Indigener Wissensproduktion im heutigen Neufundland in Kanada können ebenfalls als Beispiel für eine Art von Kollaboration, die nicht eurozentrisch geprägt ist, dienen. Max Liboiron (Red River Métis/Michif)[XV], eine führende Person in der Entwicklung und

XV Max Liboiron positioniert sich öffentlich auf diese Weise.

Förderung antikolonialer Forschungsmethoden, berichtet in dem Buch *Pollution is Colonialism* über das Zögern des Doktoranden Edward Allen, seinen Namen über seine Dissertation zu schreiben. Grund dafür: Die Arbeit sei »ein Produkt des Wissens vieler Menschen, seinen Namen auf die Titelseite zu setzen, wäre eine falsche Darstellung der Autor*innenschaft«[66]. Liboiron macht damit deutlich, dass kein intellektuelles Werk allein verfasst wird. Wissensproduktion ist auf die eine oder andere Weise immer kollaborativ – etwas, das unter anderem in der Praxis des Zitierens zum Ausdruck kommt, die zeigen soll, wie Denker*innen auf den Ideen ihrer Vorgänger*innen aufbauen.

Wer zitiert wird, ist ebenfalls von Bedeutung: Die Auswahl der Quellen prägt das Wissen, das entsteht und weitergetragen wird, und hat somit eine politische Dimension. Die Arbeit der britischen Biochemikerin Rosalind Franklin trug beispielsweise wesentlich dazu bei, die Molekularstruktur der DNA zu verstehen. Doch die meisten haben noch nie von ihr gehört. Als Forscherin am King's College London stellte Franklin 1951 durch Röntgenexperimente unter anderem fest, dass DNA die Form einer Helix hat. Zwei Wochen später führten ihre Erkenntnisse James Watson und Francis Crick dazu, ihr berühmtes Modell der DNA als Doppelhelix zu entwerfen. Wer sich nicht mit der Geschichte der medizinischen Wissenschaft beschäftigt hat, hat vielleicht auch noch nie von diesen beiden gehört, doch sie erhielten 1962 zusammen mit Maurice Wilkins den Nobelpreis für Physiologie oder Medizin und damit eine bedeutende symbolische Anerkennung für eine Leistung, die ohne die vorangegangene unveröffentlichte Arbeit von Franklin nicht möglich gewesen wäre. Lange Zeit wurde Franklin aus der Geschichte, woher dieses Wissen kam, herausgeschrieben; ihre Arbeit wurde nicht gewürdigt. Wie Watson 1968 in seinem viel beachteten Buch über diese »Entdeckung«, *The Double Helix*, enthüllte, hatte Franklin den Forschern ihre Daten nicht zur Verfügung gestellt, und wahrscheinlich wusste sie nicht einmal, dass sie sie hatten.[67] Mehrere Denker*innen haben darauf hingewiesen, dass dies mit dem strukturellen Sexismus im überwiegend männlich dominierten wissenschaftlichen Establishment zusammenhängt und dass es für größere Trends in verschiedenen Bereichen spricht, in denen die Leistungen von Frauen Männern zugeschrieben werden.[68] Solche Praktiken des Zitierens haben eine sich selbst verstärkende Dimension. Sie sind, wie Sara Ahmed es ausdrückt, Reproduktionstechnologien (»reproductive technologies«).[69] Wenn es zum Standard wird, Watson und Crick als Gründerväter der DNA zu zitieren, kann es schwieriger werden, Franklin zu zitieren, gerade weil ihre Leistungen nicht die gleiche öffentliche Anerkennung erfahren haben. Ihre Arbeit ins Zentrum zu stellen wäre ein Schritt in genau diese Richtung, eine Wertschätzung.

Wen Schreibende zitieren, beinhaltet also immer auch eine Entscheidung darüber, von wem sie lernen möchten und wessen Arbeit sie sichtbarer machen möchten. Das sind einige der Gründe, warum wir in diesem Buch zum Beispiel Ngũgĩ wa Thiong'o, Lann Hornscheidt oder Marion Kraft heranziehen, auch wenn diese Namen nicht bei allen Leser*innen sofort einen Wiedererkennungswert haben. Eine Bibliografie, die überwiegend oder ausschließlich von *weißen* Männern bevölkert ist, sagt implizit aus: Die Positionierung *weißer* männlicher Personen produziert legitimes, geltendes Wissen. So eine Bibliografie trägt dazu bei, dass Sexismus und Rassismus in der Wissensproduktion fortbestehen. Das Wissen und die Sprache über Machtdynamiken und Formen der Diskriminierung werden aber in der Regel zunächst von systemisch benachteiligten Personen produziert. Marginalisierte sind es, die den Anstoß geben, die den Weg ebnen. Wie im Vorwort beschrieben, besteht dieses Buch zum großen Teil aus dem zusammengetragenen und kuratierten Wissen von anderen. Diejenigen, die wir zitieren, haben das Wissen hervorgebracht. Wir bemühen uns, von ihnen zu lernen. Doch besteht die Möglichkeit, dass wir unsere Quellen unter anderem aufgrund unserer unterschiedlichen Positionierungen (siehe Kapitel 1) falsch interpretieren. Diese Fehler sind unsere eigenen.

In der Wissenschaft hat die Erkenntnis, dass verschiedene Perspektiven ein Projekt bereichern, dazu geführt, dass Interdisziplinarität an Bedeutung gewonnen hat. Für uns, die einen Hintergrund in den englischsprachigen Literatur- und Kulturwissenschaften haben, sind diesbezüglich besonders die British Cultural Studies ausschlaggebend. Diese Denkschule hat sich in den 1960er-Jahren an der Universität Birmingham gegründet und die Kulturwissenschaften revolutioniert. Die vielfältigen Lebenserfahrungen der beteiligten Intellektuellen, marxistische Ansätze, feministische Interventionen und aktuelle soziopolitische Fragen rund um Race und Rassismus bildeten einen Nährboden, der die British Cultural Studies hervorbrachte. All diese Einflüsse trugen dazu bei, dass Machtfragen zu einem Hauptbestandteil der Arbeit der Praktiker*innen dieser Denkschule wurden.[70] Sie ergründeten soziale Probleme in Großbritannien und kritisierten die Politik, die sie teilweise in der Verantwortung sahen. Die British Cultural Studies lehnten die Grenzen einzelner Disziplinen ab und bevorzugten eine Methodologie, die alles mögliche Nützliche heranzog, um ihre Projekte verfolgen zu können. In der Arbeit dieser Denkschule deutete sich die Fruchtbarkeit an, verschiedene Arten von Wissen zusammenzubringen, um eine Gesellschaftskritik zu formulieren und sozialen Wandel zu fördern. Stuart Hall betont, dass diese Arbeit schwierig war: Sie wurde »von vielen schlechten Gefühlen, Streit, instabilen Ängsten und wütendem Schweigen begleitet«.[71]

Bei dieser Art der Kollaboration geht es nicht nur um verschiedene Fachrichtungen oder wissenschaftliche Disziplinen, sondern auch um den Einbezug der Wissensproduktion von aktivistischen Gruppen und Erfahrungswissen unterschiedlich positionierter Personen. Das heißt, diskriminierte Gruppen werden nicht als reines Objekt des Wissens betrachtet (wie es oft in eurozentrisch geprägten Wissenstraditionen der Fall war und manchmal noch ist), sondern als Wissensproduzent*innen. Das zeigt sich ebenfalls im Zögern des zuvor erwähnten Doktoranden: Er lehnt implizit einen extraktivistischen Ansatz der Wissensgewinnung ab, denn er zeigt, dass er diejenigen, von denen er sein Wissen erhalten hat, nicht als Ressource versteht, die er für seine eigenen Zwecke und zu seinem eigenen Vorteil verwenden kann.[XVI]

Oft sind es Betroffene und ihre Kollektive, die das nötige Wissen für Veränderungen entwickeln. Diejenigen, die an der Universität von Birmingham die British Cultural Studies hervorbrachten, waren in der Lage, das zu erkennen, da einige von ihnen selbst Diskriminierung erlebten. Es handelte sich um Frauen und Männer, *weiße* Personen und People of Color, Wissenschaftler*innen aus verschiedenen Altersgruppen – und das in den 1960ern, als DE&I (Diversity, Equity & Inclusion) oder Intersektionalität noch keine geläufigen Konzepte waren. Die British Cultural Studies wollten die Gesellschaft gerechter machen und erkannten, dass das nur möglich ist, wenn bestimmte soziale Realitäten und die relevanten gesellschaftlichen Strukturen benannt, wissenschaftlich analysiert und über die Wissenschaft hinaus verständlich gemacht werden.

Sozialer Wandel geht häufig mit sprachlichen Neuerungen einher. Beispielsweise wurden in Deutschland von queeren Communitys Neopronomen entwickelt, um ihre Realitäten benennbar zu machen und zu verdeutlichen, dass es mehr als nur Frauen und Männer gibt. Bei Neopronomen – auf die wir in Kapitel 16 genauer einge-

---

XVI Über extraktivistische Ansätze sprechen wir im nächsten Kapitel.

hen – handelt es sich um Wortneuschöpfungen ergänzend zu den binären Pronomen »sie/ihr« und »er/ihm«, mit denen sich einige Menschen nicht identifizieren.

Gesellschaftliches und fachspezifisches Wissen entsteht mithilfe von Sprache und erhält durch Sprache auch die Perspektive, die es vertritt. Sprache an sich, die das Wissen zu vermitteln hilft, ist kulturell und historisch geprägt und schreibt bestimmte Perspektiven in das Wissen hinein. Diese Erkenntnis zeigt die Grenzen einzelner Positionierungen auf – Menschen sprechen von einem bestimmten Standpunkt, ihre Perspektive ist deshalb immer begrenzt. Je mehr sich Gesellschaften mit der Bedeutung unterschiedlicher Positionierungen auseinandersetzen (siehe Kapitel 1), desto weniger plausibel wird die Vorstellung eines universellen Wissens, das von einem theoretisch existierenden neutralen Nullpunkt aus produziert wird. Kollaboration ist eine logische Konsequenz.

Doch obwohl so viele erkennen, wie sinnvoll Kollaboration ist, bringt sie (wie im obigen Zitat von Stuart Hall bereits angedeutet) definitiv Herausforderungen mit sich. Die Leistung der Harry-Potter-Fans, die *Harry Potter und der Orden des Phönix* übersetzt haben, ist beeindruckend, aber das Kollektiv hatte ein klar begrenztes Ziel und musste nur 45 Stunden lang zusammenarbeiten. Weitaus schwieriger wäre es geworden, wenn sie sich zusammengetan hätten, um die weiteren Abenteuer von Harry nicht zu übersetzen, sondern zu verfassen. Bei Kollaborationen spielen unterschiedliche Positionen, Prioritäten und Machtverhältnisse eine große Rolle. Diese zu verhandeln ist oft herausfordernd: Miteinander zu arbeiten birgt Schwierigkeiten, führt häufig zu Verlangsamung und Kompromissen.

Die verschiedenen Beispiele, die wir bisher angeführt haben, verdeutlichen, dass sich unzählige Bereiche – künstlerische, wissenschaftliche, aktivistische und so weiter – einig über den Wert von Kollaboration sind, aber ihre je eigenen Herangehensweisen entwickeln. Diese hängen direkt mit Ort und Zeit ihres Schaffens zusammen. Jedes Vorhaben ist in lokale und globale Strukturen eingebettet, die es zu navigieren gilt. Wir gehen an anderer Stelle noch genauer auf das Thema der Kontextspezifität ein (siehe Kapitel 11), aber einige grundlegende Fragen für kollaborative Projekte dürfen hier nicht unerwähnt bleiben: Was ist innerhalb des gegebenen Rahmens möglich? Und welcher Rahmen folgt daraus für das eigene Vorhaben?

Unsere Ausbildung und unser Verständnis von kritischer Wissensproduktion führten dazu, dass wir uns in unseren gemeinsamen Projekten für einen kollaborativen Ansatz entschieden. Mit unserem Projekt macht. sprache. für politisch sensibles Übersetzen bewegen wir uns an der Schnittstelle zwischen der Literatur- und der Techbranche. Im Zuge des Projekts durften wir in vielen Gesprächen aus der Praxis von Übersetzenden, Linguist*innen und Mitgliedern der Techbranche lernen. Und auch die Aushandlungsprozesse in unserem Team waren überaus lehrreich – neben uns beiden, die für das Konzept verantwortlich sind, gehörten ein Webdesigner und ein Programmierer dazu.

Wir wollten, dass Nutzer*innen darauf vorbereitet werden, dass sie auf machtsprache.de auf verletzende Sprache stoßen könnten. Um diesem Problem zu begegnen, entwickelten wir im Team einige Maßnahmen. Dafür mussten wir uns zunächst über viele Fragen austauschen: Wann ist eine Triggerwarnung aus ethisch-politischen Gründen angebracht? Bei welchen Begrifflichkeiten sollten wir besonders vorsichtig sein? Wer hat das eigentlich für wen zu entscheiden? Was ist technisch machbar? Wie können wir die Navigation der verschiedenen Möglichkeiten auf der Plattform für Nutzer*innen möglichst intuitiv gestalten? Wie können wir ihnen ermöglichen, für sich selbst zu entscheiden, was sie sehen wollen und was nicht? Nur wenn eine Gruppe mit unterschiedlichen Perspektiven zusammenkommt, können solche Fragen formuliert werden. Und nur in einem Team mit unterschiedlichen Kompetenzen und Erfahrungen können entsprechende Lösungen verhandelt werden. Wir haben uns für eine Triggerwarnung entschieden, die aussieht wie ein Cookie-Banner. Wenn Nutzer*innen zum ersten Mal auf machtsprache.de gehen, werden sie mit dieser Triggerwarnung darauf vorbereitet, was sie auf der Plattform erwartet. Außerdem haben wir in die Nutzer*innenprofile eine Auswahlfunktion eingebaut, damit alle per Klick selbst entscheiden können, ob sie verletzende Begriffe ausgeschrieben sehen wollen oder ob es ihnen lieber ist, wenn einige Buchstaben durch Sternchen ersetzt werden.

Mit macht.sprache. wollten wir unter anderem Raum für den Austausch über bestimmte Begrifflichkeiten und ihre Übersetzung schaffen, um möglichst viele Perspektiven miteinzubeziehen. Wenig überraschend bringen alle Menschen unterschiedliche Meinungen mit, die nicht immer in Einklang gebracht werden können (oder müssen). Deutlich wurde dies zum Beispiel in der Diskussion auf machtsprache.de, in der es darum ging, wie über BeHinderungen gesprochen wird.[72] Einige Menschen empfinden das Adjektiv »behindert« als problematisch, weil es die Person, die es beschreibt, auf ihre BeHinderung reduzieren könnte und zudem manchmal als Schimpfwort verwendet wird. Andere Menschen benutzen den Begriff hingegen als Teil ihrer Selbstbezeichnung und finden ihn unproblematisch. Es gibt Denkschulen, die sagen, dass bei entsprechenden Bezeichnungen der Mensch im Mittelpunkt stehen sollte, zum Beispiel »Mensch mit BeHinderung«. Andere schlagen Formulierungen vor, bei denen die Identität im Vordergrund steht, also »beHinderte Person«. In beiden Fällen scheint es wichtig, dass »Mensch« oder »Person« vorkommt. Das kann auch auf bestimmte BeHinderungen übertragen werden. Also statt »die Blinde« oder das verniedlichende und dadurch noch abwertendere »der ~~Downie~~[XVII]« würde es dann »die blinde Person« oder »der Mensch mit Downsyndrom« heißen. Wie so häufig

XVII An einigen Stellen haben wir uns dafür entschieden, verletzende Begriffe zu verwenden. Damit sollen gängige Sprachpraxen gezeigt und kritisiert werden. Der Zweck dieses Buches ist, sprachliche Diskriminierung zu erklären, weshalb wir dieses Wissen nicht voraussetzen. Um deutlich zu markieren, dass es sich um problematische Begriffe handelt und um uns von ihnen

bei Überbegriffen gibt es auch Personen, die »Menschen mit BeHinderung« ablehnen. Einige wählen »Mensch mit Einschränkung« oder weitere Varianten als Selbstbezeichnung. Andere kritisieren die Formulierung »Mensch mit …« generell, da sie Menschen individualisiert und von ihrer BeHinderung trennt, was hinderlich für das Bekämpfen von strukturellen Barrieren sein kann.[73] Im anglophonen Raum verstehen einige Communitys von gehörlosen Menschen dies als eine Identität und nicht als eine BeHinderung, weshalb sie sich als Gehörlose (»Deaf«) bezeichnen.[74] Wohlmeinende Alternativen wie »Menschen mit Handicap« oder »anders begabte Menschen« waren eine Zeit lang gängig, werden aber als euphemistisch kritisiert.

Bei der Suche nach Möglichkeiten, respektvoll mit oder über marginalisierte Gruppen zu sprechen, ist es wichtig, zu fragen, wie sie sich selbst beschreiben. Einhelliger Konsens ist jedoch nicht zu erwarten. Manchmal kann im Laufe der Zeit eine breite Übereinstimmung erreicht werden, wie im Fall von einigen rassistischen Beleidigungen, bei denen es als gegeben gilt, dass sie vermieden werden sollten – zumindest von *weißen* Menschen, wie wir im letzten Kapitel in Bezug auf das N-Wort erörtert haben. Dennoch gibt es einige Kontexte, in denen Uneinigkeit herrscht, zum Beispiel wenn es um die Verwendung in einem historischen Zusammenhang

---

zu distanzieren, haben wir sie durchgestrichen. Mehr dazu in Kapitel 15.

geht (darauf gehen wir in den Kapiteln 11 und 12 noch genauer ein).

Gerade bei Bezeichnungen für Personen oder Gruppen ist die Wahrscheinlichkeit hoch, dass nie alle mit den entstandenen Labels zufrieden sein werden. Dennoch ist es sinnvoll, sich über die unterschiedlichen Positionen und Präferenzen zu informieren, die verschiedenen Argumente für oder gegen bestimmte Begrifflichkeiten kennenzulernen und auf Grundlage des gesammelten Wissens eine fundierte Entscheidung zu treffen. Menschen können gefragt werden, wie sie angesprochen werden wollen. Aber Personen, die von bestimmten Formen von Diskriminierung betroffen sind, sollten nicht gezwungen werden, stellvertretend für die ganze Gruppe sprechen zu müssen. Auch sollten Betroffene von Diskriminierung nicht für die Aufklärung von Nichtbetroffenen verantwortlich sein. Im Internet gibt es unzählige Ressourcen, um sich über diese Themen zu informieren, die von Mitgliedern bestimmter Communitys genau zu diesem Zweck entwickelt wurden, zum Beispiel leidmedien.de, wenn es um ableistische Sprache geht, Social-Media-Kanäle von Aktivist*innen, die Aufklärungsarbeit leisten wollen, oder Diversity-Trainings (wie in Kapitel 5 beschrieben), die sich auf unterschiedliche Formen von Diskriminierung beziehen.

Aushandlungsprozesse sind wichtig. Deshalb ist es auch empfehlenswert, Kollaborationen als Prozesse zu verstehen, die andauern und nicht abgeschlossen sind. Anstatt sich auf einmal gewählte Lösungen zu verlassen, lohnt es sich, sie immer wieder zu hinterfragen, gerne auch mit einer neuen Konstellation aus Kollaborateur*innen für weitere Perspektiven. Communitys entwickeln sich weiter, genauso wie die bevorzugten Begrifflichkeiten und einhergehenden Diskurse sich mit der Zeit wandeln. Für diejenigen, die einen kollaborativen Prozess durchführen (ähnlich dem unseren mit macht.sprache.), ist es wichtig, die eigene Entscheidungsmacht zu reflektieren und sich vorab über einen Umgang mit allen Beteiligten zu verständigen.

Bei der Entwicklung von machtsprache.de haben wir von den beiden Teammitgliedern mit technischer Expertise gelernt, dass es bei der Entwicklung von Software dazugehört, sogenannte »User Testings« durchzuführen. Bevor eine App oder ein Programm öffentlich gemacht wird, können ausgewählte Personen es ausprobieren und Feedback geben, ob die Nutzung intuitiv ist und den gesetzten Zielen entspricht. Auch in anderen Bereichen gehört die Befragung der Zielgruppe bereits zum Standard, zum Beispiel bei der Übersetzung in Leichte Sprache. Leichte Sprache ist eine Ausdrucksweise, die für alle verständlich sein soll und zeichnet sich unter anderem durch kurze Sätze und aktive Formulierungen aus. Auch die Gestaltung des Textes ist wichtig: Texte werden mit Überschriften und Zwischenüberschriften strukturiert, jeder Satz steht in einer eigenen Zeile und so weiter. Leichte Sprache ist für zahlreiche Zielgruppen sinnvoll: Menschen mit Lernschwierigkeiten, Menschen mit bestimmten Erkrankungen wie Demenz, Menschen, die Deutsch lernen und weitere. Anne Leichtfuß übersetzt in Leichte Sprache und erzählt im

Podcast *Überübersetzen*, dass circa 13 Millionen Menschen in Deutschland zu ihrer Zielgruppe gehören.[75] Übersetzungen in Leichte Sprache dienen dazu, Barrieren abzubauen. Viele politische und kulturelle Institutionen bieten deshalb Veröffentlichungen oder Begleitmaterialien in Leichter Sprache an, was ein Blick auf Verwaltungswebsites oder eine Nachfrage beim nächsten Museumsbesuch schnell bestätigt. In der Regel wird die Anzahl der Testleser*innen, die Teil der Zielgruppe sind und die Texte auf ihre tatsächliche Verständlichkeit prüfen, bei der Veröffentlichung mit angegeben. In diesem Fall kollaborieren die auftraggebenden Institutionen, die übersetzende Person und die Testleser*innen miteinander.

Die Zusammensetzung kollaborierender Teams führt zur Frage, *wie* die Zusammenarbeit abläuft. Wie bereits angedeutet, kann der Wunsch, diverse Perspektiven miteinzubeziehen, dazu führen, dass Menschen zum Beispiel ihre sehbeeinträchtigte Kollegin nach ihrer Meinung fragen. Aber wird diese Person für ihre Teilnahme bezahlt? Hat sie überhaupt Interesse, in das Gespräch involviert zu werden? Oder wird sie dadurch in eine repräsentative Rolle gezwungen, in der sie sich eigentlich nicht wohlfühlt? Da Interdisziplinarität und Diversität zu wichtigen Themen unserer Zeit geworden sind, besteht die Gefahr des Tokenismus. Damit ist gemeint, dass eine Person, die Diskriminierung erfährt, symbolisch die eigene Gleichstellung darstellen soll, was meistens unfreiwillig passiert. Wenn eine Institution beispielsweise eine Broschüre mit Fotos eines »diversen«

Teams drucken lassen möchte und dazu die einzige Person mit Rollstuhl in einem Team ohne weitere Personen mit sichtbarer BeHinderung bittet, mittig zu posieren, dann wird diese Person instrumentalisiert. Sie wird benutzt, um einen Eindruck zu vermitteln, der nicht der Wahrheit entspricht. Wenn der Einbezug unterschiedlicher Perspektiven ein symbolischer Akt bleibt und sie damit nur als Token verwendet werden, findet keine tatsächliche Veränderung und keine Kollaboration auf Augenhöhe statt.

Bei der kollaborativen Übersetzung von *Harry Potter*, die wir zu Beginn des Kapitels erwähnt haben, ging es vielleicht um den reinen Ausdruck einer Fankultur: Das Ziel war klar, alle Teilnehmenden waren intrinsisch motiviert, mitzumachen. Oft ist Kollaboration aber komplizierter. Für einen diskriminierungskritischen Sprachgebrauch ist es nicht nur notwendig, dass unterschiedlich positionierte Menschen zusammenkommen, um ihr (Erfahrungs-)Wissen auszutauschen, sondern auch, dass kritisch überlegt wird, wie die Zusammenarbeit organisiert wird. Bei der Kollaboration zwischen dem Kultur- und dem Technologiesektor gibt es beispielsweise unterschiedliche Normen in Bezug auf die (Nicht-)Entlohnung der Arbeit, und mit den verschiedenen Arten von Arbeit ist ein unterschiedliches Maß an Respekt und Prestige verbunden. Für nicht profitorientierte Projekte wie macht.sprache. lassen sich schneller neue Mitwirkende aus dem Kultursektor finden als aus der IT-Branche, unter anderem, weil letztere in der Industrie deutlich höhere Löhne erwarten können. Die unterschiedlichen Fähigkeiten werden dementsprechend auch oft nicht gleich bewertet, und wer in welcher Branche arbeitet, ist aktuell zum Beispiel stark gegendert, das heißt, die IT-Branche ist männlicher geprägt und die Kulturbranche weiblicher. Kollaborationspartner*innen repräsentieren nicht nur ihre fachliche Expertise in einem luftleeren Raum. Wie die Zusammenarbeit zustande kommt und wie die Partner*innen wahrgenommen werden, hängt mit ihrer Positionierung zusammen.

Gleichzeitig erfordert eine effektive Zusammenarbeit, dass alle Beteiligten sich mit Wohlwollen und Vertrauen auf die gemeinsame Arbeit einlassen. Das stellt manchmal hohe Anforderungen an diejenigen, die strukturell diskriminiert werden oder weniger mächtige Positionen innehaben.

Um gesellschaftliche Strukturen und Sprache gerechter zu machen, ist Kollaboration ein Muss – aber es ist auch notwendig, bewusst auf den Aufbau von Strukturen für die Zusammenarbeit hinzuarbeiten, die sicherstellen, dass die Art und Weise, wie sie stattfindet, gerecht (beziehungsweise so gerecht wie möglich) ist. Das heißt, auch in Bezug auf die Arbeitsbedingungen müssen Hierarchien thematisiert und abgebaut werden. Und damit Veränderungen sich überhaupt durchsetzen können, werden viele Leute gebraucht, die sich für sie einsetzen. Nur die Summe individueller Bemühungen kann zu kollektivem Handeln führen. Nur gemeinsam können Mitglieder einer Gesellschaft ihre Sprache und ihre gesellschaftlichen Strukturen anpassen, verändern und gerechter machen.

In diesem Kapitel haben wir dargelegt, wie bereichernd und in der Tat notwendig ein kollaborativer Ansatz ist, wenn es um einen Sprachwandel für politische Sensibilität geht, weil die Einbeziehung verschiedener Perspektiven für diese Arbeit entscheidend ist. Wir haben betont, dass Kollaboration in der Praxis oft langsam und schwierig ist und dass unterschiedliche Positionen sorgfältig ausgehandelt werden müssen, da die Art und Weise, wie die Beteiligten zusammenarbeiten, angemessen berücksichtigt werden sollte. Im nächsten Kapitel führen wir die Gedanken über die zentrale Rolle von gerechten Arbeitsbedingungen und Interdisziplinarität in Bezug auf die Entwicklung von Sprachtechnologien weiter aus.

8 KÜNSTLICHE UND MENSCHLICHE INTELLIGENZ

Macht Sprache 08:
Neue Technologien können Barrieren abbauen, Arbeitsprozesse vereinfachen und Wissen freier verfügbar machen. Aber Sprachtechnologien werden mit menschengemachten Daten trainiert, die Teil einer vorurteilsbelasteten Gesellschaft sind, und reproduzieren diese Vorurteile. Eine diskriminierungskritische Sprachpraxis braucht menschliche Sensibilität, damit der gesellschaftliche und der technologische Wandel Hand in Hand gehen können.

Technologien können Vorurteile und Diskriminierung aufrechterhalten, zum Beispiel in der Gesichtserkennungssoftware, im Racial Profiling oder in der Sprachtechnologie. Zum Glück wächst das öffentliche Bewusstsein für dieses Problem. 2023 machte das Unternehmen OpenAI Schlagzeilen mit dem Versuch, Diskriminierung bei ChatGPT zu verringern, indem es unterbezahlte Arbeiter*innen in Kenia beschäftigte, um verletzende Inhalte als solche zu kennzeichnen.[76] Das Bundesamt für Migration und Flüchtlinge (BAMF) nutzt eine sogenannte »Dialekterkennungssoftware« im Rahmen von Asylverfahren und zeigt damit, wie digitale Werkzeuge in größere diskriminierende Diskurse eingebettet werden können. Hier liegt die Annahme zugrunde, Migrant*innen würden über ihre Herkunft lügen und Technologien seien erforderlich, um die Richtigkeit ihrer Aussagen zu überprüfen.[77] Es geht uns in diesem Kapitel nicht darum, ob diese Technologien als solche »gut« oder »schlecht« sind. Vielmehr ist eine kritische Reflexion darüber erforderlich, wie Technologien in der Praxis genutzt werden und welche Wirkung sie innerhalb größerer Strukturen haben.

Im Rahmen unseres Projekts macht.sprache. für politisch sensibles Übersetzen wurde für uns die spezifische Schnittstelle von Technologie und sprachlicher Diskriminierung, die sich in digitalen Übersetzungshilfen manifestiert, zu einem Schwerpunkt. Frei verfügbare Programme wie DeepL, Linguee oder Google Translate können sehr nützlich sein: Manchmal werden mit ihrer Hilfe Texte für Zielgruppen zugänglich gemacht, die sonst keinen Zugang zu ihnen hätten. Im Sinne der Ziele von Open Knowledge – also kostenfrei zugänglichem Wissen für möglichst viele Menschen – sind Übersetzungsprogramme erst einmal eine positive Entwicklung, denn immer mehr Menschen benutzen im Alltag oder bei der Arbeit mehr als eine Sprache. Diese Übersetzungsprogramme sind praktisch, um einzelne Wörter nachzuschlagen oder kurze Texte für E-Mails, die sozialen Medien oder Handreichungen zu übersetzen. Besonders Menschen, die in zunehmend internationalisierten Kontexten arbeiten, sowie professionelle Übersetzer*innen berichten, dass sie solche digitalen Tools benutzen – und sei es nur als Ausgangspunkt oder Inspirationsquelle. Doch wie so viele Technologien spiegeln auch digitale Übersetzungswerkzeuge die Vorurteile der Gesellschaft wider, in der sie entwickelt wurden.

Das erste und offensichtlichste Problem bei der Übersetzung zwischen Deutsch und Englisch ist das grammatikalische Geschlecht. Wenn Nutzer*innen einen Satz, in dem zumindest theoretisch genderneutrale Berufsbezeichnungen wie »secretary« oder »pilot« auftauchen, bei Google Translate eingeben, wird diesen in der deutschen Übersetzung ein Geschlecht zugewiesen. Und die Wahrscheinlichkeit ist sehr hoch, dass das zugewiesene Geschlecht mit etablierten Geschlechterstereotypen übereinstimmt, die implizit diskriminierend sind. Die zwangsläufig weibliche »Sekretärin« hält eine unsichtbare Norm aufrecht, die besagt, dass Frauen am besten für unterstützende Rollen geeignet sind – ein Trend, der sich durch verschiedene Berufsbilder zieht, die Pflege- und Reinigungsarbeiten und andere Arten von unterbezahlter und unterschätzter Arbeit beinhalten. Der »Pilot« wird männlich, ebenso wie die meisten Berufs- und Personenbezeichnungen mit Konnotationen von Kontrolle, mathematischer Begabung, Prestige oder Ähnlichem. Das Problem beschränkt sich jedoch nicht nur auf Grammatik und Geschlecht, sondern zeigt sich auch in gängigen Redewendungen und bei einzelnen Begriffen, die sich auf andere Formen von Diskriminierung oder Aspekte der Identität beziehen. In Bezug auf Letztere kann es zu unpassenden Gleichsetzungen kommen, zum Beispiel wenn »race« mit »Rasse« übersetzt wird, was wir im Kapitel 14, »Monolingualism is dead«, genauer betrachten.

Diese digitalen Werkzeuge sind nicht von Natur aus diskriminierend, sondern erlernen Vorurteile – genau wie Menschen. Übersetzungsprogramme werden anhand von Textdatensätzen trainiert. So wird ihnen beigebracht, wie Menschen Begriffe am häufigsten verwenden. Wenn diese Texte Vorurteile enthalten, die in der Gesellschaft üblich sind, spiegeln sich diese in den Übersetzungsvorschlägen wider. Auf diese Weise wird das Deskriptive (die Art und Weise, wie die Welt *ist*) normativ und gibt vor, wie die Welt in Zukunft *sein wird*, und untermauert somit Vorstellungen davon, was die Norm ist oder sein sollte. Gegenwärtig ist es wahrscheinlicher, dass bestehende Texte, mit denen künstliche Intelligenzen trainiert werden, Care-Arbeit mit Frauen in Verbindung bringen, sei es, weil aktuell mehr Frauen als Männer in diesem Bereich tätig sind oder weil dies mit einer vorherrschenden Kategorisierung in genderbasierte Stereotype einhergeht. Die Algorithmen, die auf diesen Status quo trainiert wurden, tragen dazu bei, ihn zu erhalten, indem sie Vorschläge machen, die genau das wiederholen, das heißt, indem sie Personen, die Care-Arbeit leisten, als weiblich gendern, unabhängig davon, ob sie ausdrücklich als solche benannt wurden oder nicht. Die unkritische Verwendung einer digitalen Übersetzungshilfe kann in solchen Fällen diese bestehende Norm sogar noch verfestigen, sodass verschiedene Berufe weiterhin als angemessener für Personen eines bestimmten Geschlechts angesehen werden.

Das in Köln ansässige Unternehmen DeepL greift auf Linguees umfangreiche Datenbanken manuell übersetzter Texte zurück. Linguee nutzt Dokumente, die von EU-Institutionen erstellt und übersetzt wurden. Nutzer*innen können das in den aufgelisteten Beispielsätzen, die sie auf Linguee für Begriffe und ihre Verwendung unterhalb der Übersetzungsvorschläge erhalten, überprüfen.[78] Damit ist die Art und Weise, wie diese Technologien funktionieren, im Wesentlichen extraktivistisch: Sie extrahieren Material aus verfügbaren Korpora, um künstliche Intelligenz zu trainieren. Jene Logik ist auch bei Technologieunternehmen erkennbar, wenn sie für die diskriminierungsreduzierenden Tools, die sie verkaufen, öffentlich zugängliche Daten aus den sozialen Medien verwenden, zum Beispiel Texte von sozialen Bewegungen wie Black Lives Matter, und nicht für diese bezahlen. Diese Vorgehensweise ist das genaue Gegenteil der respektvollen Kollaboration, mit der wir uns im vorherigen Kapitel auseinandergesetzt haben.

Die verwendeten Trainingsdatensätze beeinflussen die Genauigkeit der Übersetzungswerkzeuge, die für verschiedene Sprachkombinationen unterschiedlich gut ist. Bereits gut repräsentierte Sprachen werden in der Regel besser dargestellt. Konkret bedeutet das, dass die Ergebnisse für Übersetzungen zwischen Englisch und Deutsch häufig ziemlich gelungen sind, bei Finnisch und Deutsch wird es bereits etwas ungenauer, und Übersetzungen zwischen Swahili und Deutsch werden gar nicht angeboten, obwohl diese Sprache von mehr als 80 Millionen Menschen gesprochen wird (Finnisch von etwa 5,5 Millionen). Ganz zu schweigen von kleineren (gefährdeten) Sprachen wie Q'eqchi oder Potawatomi, Indigene

Sprachen, die in Zentral- und Nordamerika von vergleichsweise wenigen Menschen gesprochen werden. In Anbetracht der Menge an Text, die für solche Zwecke aus dem Europäischen Parlament entnommen wird, ist ein gewisser Eurozentrismus vorprogrammiert. Europäische Sprachen, Perspektiven, Werte und Normen dienen als Grundlage und werden mit jeder unkritischen Verwendung von Übersetzungsvorschlägen dieser Programme weiterverbreitet.

Ein zusätzliches Problem ist, dass der Sprachgebrauch, den Übersetzungsprogramme vorschlagen, immer rückwärtsgewandt ist. Die künstliche Intelligenz wird zu einem bestimmten Zeitpunkt mit Korpora trainiert, die eben nur einen bestimmten Sprachgebrauch abbilden – im Fall von Linguee oft einen recht bürokratischen. Sprache verändert sich jedoch ständig, und zwar besonders in Bezug auf politische Sensibilität. Diese Veränderungen werden häufig von aktivistischen und/oder diskriminierten Gruppen angestoßen, die damit soziale Realitäten sichtbar machen wollen, um politische Forderungen formulieren zu können. Als Nächstes werden neue Begrifflichkeiten vielleicht von Universitäten aufgegriffen. Aber bis sich der Sprachgebrauch in Behörden aktualisiert hat, können Jahre vergehen. Im Diskurs um diskriminierungskritische Sprache, der sich aktuell mit großer Geschwindigkeit entwickelt, wird diese Rückwärtsgewandtheit von digitalen Sprachtools zu einem immer akuteren Problem.

Um diesen vielfältigen Herausforderungen zu begegnen, ist es erforderlich, dass Menschen mit unterschiedlichen Sensibilitäten und Fachkenntnissen zusammenkommen. Nur durch einen intersektionalen Ansatz, durch interdisziplinäre und positionierungsübergreifende Zusammenarbeit können die Probleme an den Schnittstellen von Technologie und sprachlicher Diskriminierung wirksam angegangen werden. Dies erfordert eine Kollaboration zwischen dem Technologie- und Kultursektor ebenso wie zwischen Forschungsgemeinschaften und Aktivist*innen, die ihre Positionen und Prioritäten für wirksame Lösungen diskutieren und verhandeln.

Unsere Arbeit an der Plattform macht.sprache. zeigt deutlich, wie unterschiedlich die Prioritätensetzung sein kann: Als inhaltliche Kuratorinnen neigten wir oft zu einer eher vorsichtigen Rahmung und textlastigen Kontextualisierung, während der Experte für User Experience im Team Wert auf Benutzer*innenfreundlichkeit und intuitive Navigierbarkeit legte. Für ein praktisches Tool, das die Arbeit von Übersetzer*innen leichter machen soll, bringt eine sorgfältige Kontextualisierung wenig, wenn sie so präsentiert wird, dass niemand sich zurechtfindet oder sich die Mühe macht, alles zu lesen. Aber ausschließlich auf die Benutzer*innenfreundlichkeit zu achten könnte hingegen bedeuten, dass inhaltliche Aspekte verloren gehen. macht.sprache. sollte zum kritischen Nachdenken über Sprache anregen und Interventionsmöglichkeiten aufzeigen und gleichzeitig leicht zu bedienen sein. Beides ist notwendig, wenn Sprachtechnologien Nutzer*innen tatsächlich im Umgang mit politisch sensibler Sprache unterstützen sollen.

Im Technologiesektor verbreitet sich die Erkenntnis immer mehr, dass vielfältige Teams und verschiedene

Fachkompetenzen mittlerweile ein Muss sind. In einem Interview mit uns verwies die Expertin für Robotics und Digitalisierung Kenza Ait Si Abbou aber auch auf die Verantwortung der Nutzer*innen: »Alle tragen Verantwortung dafür, die unbewussten Vorurteile in künstlicher Intelligenz zu reduzieren.«[79] Zum Beispiel sind viele KIs selbstlernende Systeme. Sie lernen weiter, und zwar von den Nutzer*innen. Welche Texte Google Translate und DeepL zum Übersetzen gegeben werden, wirkt sich darauf aus, was sie als Ergebnis ausspucken. Wenn die Datensätze, mit denen Algorithmen trainiert werden, eine Realität widerspiegeln, die weniger von Stereotypen und historisch bedingter Diskriminierung geprägt ist, werden auch die Technologien, die daraus entwickelt werden, weniger Vorurteile und Stereotypen reproduzieren. So wird der Begriff »chancellor« nach Angela Merkels Amtszeit nun durchaus häufig als »Kanzlerin« ins Deutsche übersetzt, da in zahlreichen Texten von ihr als Kanzlerin gesprochen wurde. Olaf Scholz wird von den Programmen aktuell häufig falsch gegendert, aber vielleicht kommen sie bis zum Ende seiner Amtszeit hinterher.

Technologischer und sozialer Wandel gehen Hand in Hand. Doch was maschinelle Übersetzung in Bezug auf politisch sensible Sprache leisten kann und was automatisierbar ist, stößt irgendwann an Grenzen. Deswegen sollten Nutzer*innen befähigt werden, kritisch mit digitalen Werkzeugen umzugehen – was letztendlich auch unser Ziel bei der Entwicklung von macht.sprache. war. macht.sprache. übersetzt nicht, sondern zeigt verschiedene Übersetzungsoptionen auf, die von den Nutzer*innen ergänzt und bewertet werden können (von »würde ich nie benutzen« bis »würde ich häufig benutzen«). Zusätzlich gibt es zu jedem Begriff unterstützende Hinweise und Diskussionen und manchmal auch kurze Übersetzungsbeispiele. Auf dieser Grundlage können Nutzer*innen sich eine Meinung bilden und für ihren jeweiligen Kontext selbst eine Übersetzungsentscheidung treffen.

Menschen haben Handlungsspielraum und Entscheidungsmöglichkeiten, und neue Technologien können sie diesbezüglich empowern. Nutzer*innen können und sollten beim Umgang mit durchaus nützlichen künstlichen Intelligenzen darin bestärkt werden, fundierte, kreative und verantwortungsvolle sprachliche Entscheidungen treffen zu können.

9 VERÄNDERUNG UND UNVOLLSTÄNDIGKEIT

Macht Sprache 09:
Diskurse sind dynamisch. Was als diskriminierungskritisch gilt, ändert sich. Eine endgültige und vollständige Lösung kann daher nicht das Ziel sein. Eine diskriminierungsärmere Sprache benötigt immer wieder neue Strategien für neue Herausforderungen.

Geschäfte, die sich früher als Dritte-Welt-Läden bezeichnet hätten, nennen sich heute eher Fair-Trade- oder Eine-Welt-Läden. Etwas, das als »Dritte-Welt-Laden« beschrieben wird, scheint nicht mehr gut vermarktbar zu sein, was damit zusammenhängt, dass der Begriff »Dritte Welt« inzwischen weithin als abwertend eingestuft wird. Auf die Frage, was sie mit der »Dritten Welt« verbinden, antworten die meisten Menschen mit Assoziationen wie Armut und Unterentwicklung. Vielleicht denken sie auch an Hungersnot oder schlechte Infrastruktur. In einem Stufensystem nicht an erster oder zweiter, sondern an *dritter* Stelle zu stehen könnte als problematisch gelten. Dieses Stufensystem reproduziert nämlich im Wesentlichen koloniale Kategorisierungen, denen zufolge diese Teile der Welt hinter den Gesellschaften der *ersten* Welt zurückbleiben. Sie gelten dann als weniger gut, weniger erfolgreich, weniger vorbildhaft. Es mag daher überraschen, dass der Begriff *Dritte Welt* einst von Menschen, die in den so bezeichneten Gebieten lebten, in positivem Sinne verwendet wurde. Während des Kalten Krieges, der mit den Unabhängigkeitskämpfen vieler ehemals kolonialisierter Länder zusammenfiel, waren Menschen der Dritten Welt daran interessiert, ihren Platz in einem globalen System zu finden, das nicht von den Supermachtblöcken der ersten und zweiten Welten vereinnahmt wurde. Zu dieser Zeit war »Dritte Welt« ein Begriff, der von vielen als Selbstbezeichnung verwendet wurde, die die »Dritte Welt« als positiv besetzte politische Alternative gestalten wollten.[80]

Aufgrund der überwiegend negativen Konnotationen des »Dritte Welt«-Begriffs bevorzugen viele Menschen heute den Begriff »Globaler Süden«, der als gerechtere Alternative verstanden werden soll – auch wir selbst nutzen ihn in diesem Buch. Hier soll das Adjektiv »global« die Idee beschreiben, dass es auf der ganzen Welt – auch im Norden – Gebiete des »Südens« gibt: In den Gesellschaften des wohlhabenderen Nordens leben marginalisierte Gruppen wie etwa Geflüchtete ohne Aufenthaltsstatus, die einige Erfahrungen mit Menschen im geografischen Süden teilen. Während diese Erkenntnis sich gerade erst im Mainstream verbreitet, gibt es in bestimmten Kreisen bereits Forderungen, auch diesen Begriff wieder zu verwerfen. Die geografischen Zuschreibungen werden als kontraintuitiv kritisiert, da einige Länder wie Indien zwar zum Globalen Süden gehören, sich aber vollständig auf der Nordhalbkugel befinden. Bei

Australien ist es genau andersherum, es wird zum Globalen Norden gezählt, liegt aber auf der Südhalbkugel.

Die meisten Argumente gegen den Begriff des Globalen Südens beruhen auf dem Problem der großen Vielfalt der Gruppen, die er vereinen soll. Außerdem weckt er – bezeichnenderweise – genau die gleichen Assoziationen wie sein Vorgänger, die »Dritte Welt«: Armut, Entwicklungsrückstand und so weiter. Vielleicht setzt sich schon bald ein neuer Begriff durch, denn es gibt durchaus Alternativen. Khairani Barokka spricht zum Beispiel von der »Mehrheitswelt«, da der Großteil der Weltbevölkerung in den Gebieten lebt, die bisher als »Dritte Welt« oder Globaler Süden bezeichnet wurden.[81] Doch die Entwicklungen, die Begriffe durchlaufen, und welche von ihnen massentauglich werden, ist kaum vorhersehbar.

Dieses Beispiel verdeutlicht, dass der bloße Wechsel einer Bezeichnung wenig an den zugrunde liegenden strukturellen Problemen ändert, die zu den Konnotationen eines Begriffs geführt haben. Es zeigt auch, dass je nach Ort oder Zeit manchmal unterschiedliche Vorstellungen davon herrschen, was diskriminierungskritisch ist. Niemand kann mit Sicherheit vorhersagen, welchen Weg bestimmte Wörter nehmen werden. Das Wissen über politische Begriffe und einen sensiblen Umgang mit Sprache wird also nie vollständig und endgültig sein.

Im Folgenden untersuchen wir weitere politische Begriffe und ihren Bedeutungswandel, insbesondere Begrifflichkeiten rund um Sexualität, BeHinderung, Race und Gender. Diese Fallbeispiele zeigen, dass sich das Verhältnis zwischen Sprache und Diskriminierung im Laufe der

Zeit und in verschiedenen Kontexten auf vielfältige Weisen verändern kann. Da Sprache so formbar ist, bleibt jede diskriminierungskritische Lösung unvollständig. Vollständigkeit sollte aber auch gar nicht das ultimative Ziel sein – darauf gehen wir am Ende dieses Kapitels genauer ein.

Der Begriff »queer« hat in den letzten Jahrhunderten einen signifikanten Bedeutungswandel durchgemacht. In den USA wurde er während des 19. Jahrhunderts genutzt, um Personen als »komisch« oder »auffällig« zu beschreiben. Verwendung fand er häufig in Zeitungen, Magazinen und privaten Korrespondenzen, um über soziale Skandale zu sprechen. Damals war »queer« ein Begriff, der selten als Selbstbezeichnung, sondern eher als Zuschreibung verwendet wurde. Im 20. Jahrhundert wurde »queer« eindeutig zu einer Beleidigung für Menschen, die von der Mehrheitsgesellschaft in Bezug auf Gender und Sexualität als nicht normkonform wahrgenommen wurden. In den 1990er-Jahren gab es während der Aids-Pandemie starke Anfeindungen gegen homosexuelle Menschen und LGBT[XVIII]-Aktivist*innen, und Wissenschaftler*innen wie Judith Butler oder Jonathan Ned Katz begannen, sich im Zuge ihrer widerständigen Arbeit den Begriff »queer« als Label anzueignen. Vereine wie Queer Nation gründeten sich und erklärten, sie wür-

---

XVIII Steht für Lesbian, Gay, Bisexual, Trans. Heute häufig LGBTQIA*, also zusätzlich für Queer/Questioning, Intersexual und Asexual. Das Sternchen steht für verschiedene weitere sexuelle Identitäten. Das QIA* wurde erst nach den 1990er-Jahren zum Akronym hinzugefügt.

den mit diesem Namen denjenigen, die sie diskriminierten, eine Waffe nehmen. Etiketten haben es an sich, dass es jene gibt, die sich ihnen freudig verschreiben, und solche, die sie ablehnen. Aber damit sich Begriffsbedeutungen überhaupt durchsetzen, müssen sehr viele Menschen sich diesbezüglich verständigen. Eine ernst zu nehmende Wiederaneignung braucht Rückhalt. Inzwischen kann die Verwendung des Begriffs »queer« größtenteils als Form des Empowerments verstanden werden. Zahlreiche Menschen nicht nur in den USA, sondern auch in Deutschland, die sich gegen normative Gender- und Sexualitätszuschreibungen positionieren möchten, bezeichnen sich selbst als queer und sind auch damit einverstanden, von anderen queer genannt zu werden.[82]

Wenn eine Gruppe abschätzige Begriffe aufarbeiten oder revidieren möchte, um die Sprache über die eigenen Lebensrealitäten zu kontrollieren, dann ist dies manchmal eine ungewisse Angelegenheit.[83] In den 1970er-Jahren entstanden in Deutschland im Rahmen der BeHinderten-Bewegung einige »Krüppelgruppen«. Die Bezeichnung, die diese Gruppen selbst für sich wählten, ist vielen sicherlich als Schimpfwort bekannt. Sie wurde jedoch in diesem Fall als bewusste Provokation gewählt. Das Wort lässt Menschen zusammenzucken und beinhaltet damit den Wunsch, aufzufallen und effektiv auf die Diskriminierung von beHinderten Menschen aufmerksam zu machen. Diese aktivistischen Gruppen wehrten sich gegen paternalistische Perspektiven auf BeHinderung und forderten gleichberechtigte Teilhabe. Sie konnten viele Erfolge feiern, unter anderem eine Ergänzung im Artikel 3, Absatz 3 im Grundgesetz: »Niemand darf wegen seiner Behinderung benachteiligt werden.«[84] Aber der Begriff ist im Gegensatz zu queer weiterhin in den meisten Fällen eine Beleidigung, außer wenn beHinderte Menschen das Wort zu politischen Zwecken oder selbstironisch verwenden.

Es gibt auch Begriffe, die eine Entwicklung in die andere Richtung gemacht haben – Begriffe, die früher scheinbar in Ordnung waren und heute als diskriminierend gelten. Michaela Dudley, eine 1961 in den USA geborene trans Frau, die schon lange in Berlin lebt, erzählte uns, dass sie auf ihrer Geburtsurkunde als ~~Negro~~ bezeichnet wurde (nicht durchgestrichen). Sie berichtet: »Der Begriff [...] hat damals niemanden gestört. Es handelte sich um ein normales Wort, mit dem Schwarze Menschen sich auch selbst bezeichneten. Der Begriff war nicht beleidigend. Im Gegenteil, verschiedene Organisationen, Institutionen und Vereine benutzten ihn sogar für ihre Namen: z. B. Negro-Baseball-Liga oder Negro-Spirituals. Der Begriff war angemessen, um sich auf Schwarze Menschen zu beziehen.«[85] Das hat sich im Laufe unterschiedlicher aktivistischer Bewegungen deutlich geändert. Es ist vor allem der afroamerikanischen Bürgerrechtsbewegung, die sich für politische und kulturelle Selbstbestimmung einsetzte, zu verdanken, dass rassistische Begrifflichkeiten in den USA hinterfragt, abgelehnt und durch Eigenbezeichnungen ersetzt wurden. Heute wird der Begriff als rassistisch betrachtet, weshalb wir ihn in diesem Absatz in den verwendeten Zitaten durchgestrichen haben. Stattdessen haben sich Begriffe wie »African Americans« oder »Black people« durchgesetzt. Das großgeschriebene »Black« findet sich auch im Namen jüngerer aktivistischer Gruppen wieder, allen voran der Black-Lives-Matter-Bewegung.

In Deutschland gab es einen ähnlichen Prozess. Das deutsche N-Wort war zwar immer schon eine rassistische Fremdbezeichnung, aber in Ermangelung anderer Begrifflichkeiten nutzte eine antikoloniale Gruppe Schwarzer Deutscher ihn sogar 1924 in ihrem Vereinsnamen: Liga zur Verteidigung der N-Wort-rasse (eigentlich mit ausgeschriebenem N-Wort).[86] Besonders der Zweite Weltkrieg hinderte die Selbstorganisation Schwarzer Menschen in Deutschland: Einige wurden im KZ ermordet, andere mussten das Land verlassen. Das führte zu starker Vereinzelung. Erst in den 1980er-Jahren lebte die Selbstorganisation wieder richtig auf, unter anderem dank wichtiger Impulse von Audre Lorde, die sich selbst als afroamerikanische Dichterin, Kämpferin und Mutter bezeichnet. In dieser Zeit entstand die Eigenbezeichnung »Afro-Deutsche« und May Ayim, Katharina Oguntoye und Dagmar Schultz veröffentlichten den Sammelband *Farbe bekennen. Afro-deutsche Frauen auf den Spuren ihrer Geschichte*, der noch heute unheimlich wichtig ist. Mittlerweile spricht sich die Kommunikationswissenschaftlerin und Künstlerin Natasha A. Kelly für »Afrodeutsche« ohne Bindestrich in der Mitte aus, um zu verdeutlichen, dass es sich um eine eigenständige und keine zweigeteilte Identität handelt.[87] »Schwarze Deutsche« mit großgeschriebenem S ist ebenfalls etabliert und wird beispielsweise im Namen der Initiative Schwarze Menschen in Deutschland (ISD), der größten Interessenvertretung Schwarzer Menschen in Deutschland, verwendet.

Politischen Begebenheiten und Bedürfnissen entsprechend verändert sich Sprache ständig. Genauso wandelt sich auch das Verständnis dessen, was politische Sensibilität ausmacht. Es gibt keine pauschale Lösung für die Problematik der diskriminierungskritischen Sprache, die für immer und ewig funktionieren wird. Die Diskussion hält an, und Mitglieder einer Gesellschaft können immer dazulernen. Menschen, die sich in ihrer Berufspraxis besonders intensiv mit Sprache auseinandersetzen, wie etwa Linguist*innen, Journalist*innen, Autor*innen und Übersetzer*innen, wissen das aus erster Hand. Wir haben schon in früheren Kapiteln erwähnt, dass wir im Zuge unseres Projekts macht.sprache. und für dieses Buch mit zahlreichen Expert*innen gesprochen haben. Die Autorin und Übersetzerin Marion Kraft, die Audre Lorde in den 1980er-Jahren in Berlin kennenlernte und Teil der Schwarzen Deutschen Bewegung ist, erzählte uns im Gespräch von ihrer Erfahrung, dass ein Text immer verbessert werden könne: Das merke sie an ihren eigenen Publikationen meistens schon unmittelbar nachdem sie gedruckt wurden.[88] Uns wird es mit diesem Buch sicherlich ebenso gehen, dass wir nach der Veröffentlichung und weiteren Auseinandersetzung mit der Thematik schon bald einige Passagen anders schreiben würden.

Veränderungen wird es immer geben. Deshalb ist es laut Lann Hornscheidt lohnenswert, dass sich diejenigen auf Veränderungen einlassen, die sprachliche Diskriminierung reduzieren wollen: »Sprache ist unglaublich dynamisch, genauso wie Diskriminierungssysteme. Das heißt, Regeln aufzustellen, dass das jetzt korrekte Ausdrucksweisen sind, halte ich für kontraproduktiv. Sprachliche Handlungen müssen sich immer wieder dem anpassen, wie der Diskurs sich entwickelt und wie Diskriminierungen sich realisieren.«[89] Hornscheidt hat selbst schon einige Ideen in den Genderdiskurs eingebracht. Während Hornscheidt noch in der Sprachwissenschaft an der Humboldt-Universität zu Berlin tätig war, schlugen Hornscheidt und die AG Feministisch Sprachhandeln die Endung »-x« für genderfreie Schreibweisen vor – also »Professx« zusätzlich zu »Professorin« oder »Professor«. Die X-Form sollte anzeigen, dass herkömmliche Personenvorstellungen – also die Einteilung in zwei Geschlechter – durchkreuzt werden.[90] Mittlerweile hat Hornscheidt außerdem die Endung »-ens« – also Prof.ens Dr.ens Hornscheidt – eingebracht. »-ens« ist der mittlere Teil des Wortes »Mensch«[91] und dient ebenfalls einer genderfreien Ansprache. Diese und weitere Formen können nebeneinander existieren. Aufgrund der unzähligen Möglichkeiten und da Name und Aussehen einer Person nicht immer verraten, wie sie angesprochen werden möchte, ist es am besten, sich diesbezüglich an den Wünschen der betreffenden Person zu orientieren – auch wenn sich die Pronomen im Laufe des Lebens ändern können. Im beruflichen Kontext schreiben viele Leute ihre Pronomen oder ihre bevorzugte Ansprache mittlerweile in die E-Mail-Signatur oder auf ihre Visitenkarte (Name, Pronomen, Anrede). Bei Konferenzen, Workshops oder anderen Zusammenkünften von Menschen, die sich noch nicht kennen, bieten Namensschilder Platz für Pronomen.

Es geht nicht darum, ein neues Regelwerk zu erstellen, in dem eine einzige »richtige« Herangehensweise festgehalten wird. Übrigens werden Wörterbücher wie der Duden in dieser Hinsicht oft missverstanden: Sie versuchen im Allgemeinen, den aktuellen Sprachgebrauch abzubilden. Sie schreiben nicht vor, wie gesprochen werden soll. Wörterbücher hinken tatsächlich genau wie maschinelle Übersetzungsprogramme immer etwas hinterher (siehe Kapitel 8, »Künstliche und menschliche Intelligenz«). Bis ein neuer Ausdruck als üblich kategorisiert und ins Wörterbuch aufgenommen wird, vergeht viel Zeit.

Diskussionen über Diskriminierungskritik entwickeln sich weiter und dementsprechend auch die Sprache, die ebendiese Haltung widerspiegelt. Das bedeutet, dass die Bemühungen, sich diskriminierungskritisch auszudrücken, einem ständigen Wandel unterworfen sind und kontinuierlich weiterentwickelt werden müssen. Wenn neue Herausforderungen zutage treten, müssen diejenigen, die sich für weniger diskriminierende Sprache einsetzen wollen, neue sprachliche Strategien entwickeln. Manche Begrifflichkeiten dienen nur als Übergangslösung oder pragmatische Lückenfüller, bestimmte Wörter werden nur von kleinen Gruppen verwendet, andere werden von der breiten Masse aufgegriffen und etablieren sich langfristiger (worauf wir im nächsten Kapitel genauer eingehen). Ein Projekt für einen diskriminierungskritischen Sprachgebrauch kann also niemals statisch sein, eben weil Sprache nicht statisch ist. Die in diesem Buch vorgestellten Überlegungen erheben daher keinerlei Anspruch auf Dauerhaftigkeit oder Vollständigkeit.

Das Unvollständige in den Mittelpunkt zu stellen ist eine bewusste Entscheidung, die mit einer bestimmten Art der Wissensproduktion zusammenhängt. In Kapitel 7, »Kollaborative Wissensproduktion«, haben wir gezeigt, wie kollektives Arbeiten als Ansatz die Idee infrage stellt, dass Einzelpersonen in Isolation Wissen produzieren. Zu der Vorstellung allein arbeitender Genies in der klassischen europäischen Wissensproduktion gehört auch das Beherrschen der eigenen Disziplin. Das Wort »beherrschen« deutet es schon an: Diese Vorstellung hat auch etwas Kontrollierendes und Gewaltvolles. Sie ist mit kolonialen Strukturen verbunden, die unter anderem zur Konstruktion des Begriffs »Dritte Welt« und zur Unterteilung der Welt in Globalen Norden und Globalen Süden geführt haben – mit dem Beispiel, mit dem wir dieses Kapitel begonnen haben.

Im Hochimperialismus in der zweiten Hälfte des 19. Jahrhunderts gehörte es zur Praxis der Naturwissenschaften, Proben aus kolonisierten Ländern zu sammeln, sie zu benennen, zu katalogisieren und schließlich in den Institutionen des Globalen Nordens auszustellen – ein Besuch im nächstliegenden Naturkundemuseum zeigt, wie viele dieser Objekte dort noch zu finden sind. Diese Art der Wissensproduktion wird durch das

Streben nach Kategorisierung, Vermessung und Vollständigkeit angetrieben. Nach dieser Auffassung ist etwas Unvollständiges mangelhaft. Wenn eine Stichprobe nicht mit einer bereits existierenden Kategorie übereinstimmt, wird dies als Mangel gedeutet. Aber Unvollständigkeit kann auch anders gedeutet werden. In Kapitel 5, »Demut praktizieren«, haben wir beschrieben, dass Mitglieder einer Gesellschaft, die sich für einen diskriminierungskritischen Sprachgebrauch interessieren, demütig zugeben können, was sie noch nicht wissen und noch lernen müssen. Eine solche Haltung setzt voraus, zu akzeptieren, dass Vollständigkeit unmöglich ist. Doch auch wenn die Grenzen des (derzeit) Erreichbaren klar sind, werden erstrebenswerte Ziele im Auge behalten.

Unvollständigkeit in den Mittelpunkt zu stellen ist daher ein Versuch, die Gewalt und die Kontrolle zu untergraben, die sich sowohl in der Idee von Vollständigkeit als auch in der Idee von Mangel finden. Dieses Buch bietet deshalb keine langfristigen Lösungen und stellt infrage, ob es diese in Bezug auf diskriminierungskritische Sprache überhaupt geben kann. Für manche mag das wie ein unbefriedigendes Fazit klingen. Doch diejenigen, die mit ihren Sprachhandlungen Diskriminierung reduzieren – oder zumindest nicht reproduzieren – wollen, können versuchen, sprachlichem Wandel mit Offenheit zu begegnen – auch wenn es schwierig ist oder sich nicht intuitiv anfühlt. Vielleicht ergeben sich irgendwann Gelegenheiten, mit neuen sprachlichen Möglichkeiten zu spielen.

10 PRAGMATISCHE UND PRAXISORIENTIERTE ENTSCHEIDUNGEN

Macht Sprache 10:
Pragmatismus ist situationsbedingtes Abwägen. Pragmatische Lösungen sind selten perfekt und die Kompromisse, die mit ihnen einhergehen, oft frustrierend. Sie können in der Praxis aber als bewusste und informierte Entscheidungen dazu beitragen, die Gegenwart humaner zu gestalten und Schritt für Schritt in Richtung Gerechtigkeit voranzuschreiten.

Im Gespräch erzählten uns einige Gebärdensprachdolmetscher*innen, dass sie in ihrer Tätigkeit meist innerhalb von Sekunden eine sprachliche Entscheidung treffen müssen. Wenn sie das nicht tun, haben diejenigen, für die sie dolmetschen, keinen Zugang zu dem, was in Lautsprache gesagt wird. Wie jede Sprache ist auch die Gebärdensprache ein Bedeutungssystem, in dem Diskriminierung eingebettet ist und in dem Veränderungen stattfinden. Die etablierten Zeichen für verschiedene Länder und Nationalitäten beziehen sich zum Beispiel manchmal auf problematische Stereotype. Auch hier findet ein Sprachwandel statt, wie im Fall des Zeichens für das Land Indien: Früher wurde es durch eine Geste zur Stirn kommuniziert, basierend auf der Darstellung eines Bindi. Ein Bindi ist ein aufgemalter oder aufgeklebter

Punkt auf der Stirn und entspringt ursprünglich einer hinduistischen Tradition. Aber Indien ist ein Vielvölkerstaat. Wenn nun ein Zeichen verwendet wird, das symbolisch eine Tradition darstellt, die nur von einem Teil der Bevölkerung praktiziert wird, wird diese als besonders charakteristisch für das Land hervorgehoben. Indien wird auf diese Weise mit dem Hinduismus gleichgesetzt, und andere Traditionen und Praktiken werden dadurch in den Hintergrund gestellt. Gleichzeitig wird mit diesem Zeichen etwas herausgepickt, das Indien angeblich eindeutig von Deutschland oder Europa unterscheidet. Auf den Bindi reduziert, wird Indien zu etwas Exotischem gemacht. In der deutschen Gebärdensprache wurde deshalb erst kürzlich vorgeschlagen, dieses Zeichen für Indien zu ersetzen und stattdessen mit der Hand die Form des Subkontinents zu beschreiben.

Gebärdensprachdolmetscher*innen – wie alle Dolmetscher*innen – sind gezwungen, so schnell Entscheidungen zu treffen, dass ihre Wahl fast intuitiv sein muss. Ein neues, weniger diskriminierendes Zeichen ist vielleicht nicht das erste, das ihnen in den Sinn kommt, und so kann es durchaus passieren, dass sie ein diskriminierendes Zeichen verwenden, obwohl sie im Nachhinein ein anderes vorziehen würden. Wer ein Gespräch in deutscher Lautsprache führt, hat vielleicht schon Ähnliches in Bezug auf das Gendern erlebt: Manchmal würdest du vielleicht gerne eine genderinklusive oder genderfreie Variante benutzen, aber sie fällt dir nicht direkt ein oder du merkst erst im Nachhinein, dass du es im Eifer des Gefechts vergessen hast.

Gebärdensprachdolmetscher*innen sind dazu da, Zugangsbarrieren zu verringern und ableistischen Strukturen entgegenzuwirken. Die Verwendung des älteren Zeichens für Indien reproduziert die problematische Andersmachung dieses Landes und spiegelt eine exotisierende eurozentrische Perspektive wider. Aber den Gebärdensprachdolmetscher*innen steht in so einer Situation wenig oder gar keine Zeit zur Verfügung, um die verschiedenen Aspekte abzuwägen. Pragmatisch betrachtet muss ad hoc eine Entscheidung getroffen werden. Wenn die Gebärdensprachdolmetscher*innen automatisch das alte, diskriminierende Zeichen verwenden, können sie daraus die Absicht ableiten, es beim nächsten Mal anders zu machen und gegebenenfalls mithilfe einer Weiterbildung darauf hinzuarbeiten, dass das weniger diskriminierende Zeichen zu ihrem intuitiven Reflex wird. Das gleiche Prinzip kann auf andere Sprachsysteme wie die Lautsprache übertragen werden.

Im schriftlichen Umgang mit sensibler Sprache steht in der Regel etwas mehr Zeit zur Verfügung. Aber Geschriebenes soll schließlich irgendwann von irgendwem gelesen werden, das heißt, auch hier müssen zu einem bestimmten Zeitpunkt Entscheidungen getroffen werden. Viele Verlage beschäftigt der sprachliche Umgang mit Gendervielfalt, und jedes Buch bringt ganz konkrete Fragen mit sich. Die Übersetzerin Anabelle Assaf erzählte uns in einem Gespräch von Entscheidungen, die sie in ihrer Übersetzung von Akwaeke Emezis queerem Roman *Der Tod des Vivek Oji* aus dem Englischen treffen musste. Achtung, Spoiler: In der Erzählung wechselt Viveks Pronomen von »he« (er) zu »she« (sie). Viveks Cousin Osita nennt Vivek im gesamten Buch nur »my cousin«, was im Englischen genderneutral ist. Aber Assaf musste sich im Deutschen zwischen »Cousin« und »Cousine« entscheiden.

Assaf kam bei ihrer Übersetzung nicht darum herum, bei Begriffsentscheidungen verschiedene Überlegungen gegeneinander abzuwägen. Sie erzählte, dass sie den konkreten Fall der Figur Vivek mit Kolleg*innen besprach:

> Mir wurde gesagt, dass ich bei einer trans Person nicht das Pronomen ›er‹ verwenden kann, wenn sie sich als Frau definiert. Aber Vivek ist für den größten Teil des Buches ein Mann, und es geht viel um die Zuschreibung von außen. Ich wollte nicht anfangen, den Originaltext diesbezüglich zu verändern. [...] Die Geschichte spielt in den 1990ern in einem Milieu, in dem die Leute überhaupt nicht sensibel waren für Transidentitäten. Tatsächlich ist Gewalt in der Sprache ein zentrales Thema in *Vivek Oji*.[92]

Assaf, die mit schriftlicher Sprache arbeitet, konnte sich Zeit nehmen, um zu recherchieren und ihre Optionen abzuwägen. Sie bedachte verschiedene Aspekte und holte sich Rat von Kolleg*innen, aber letztendlich musste sie selbst für die Publikation der deutschen Übersetzung eine Entscheidung treffen. Sie erklärt: »In dem Moment, als die Erzählstimme im Originaltext einmal ›she‹ verwendet hat, habe ich begonnen, ›Cousine‹ zu nehmen.

Letztendlich ist dieser Wechsel im Deutschen viel auffälliger als im Englischen.«[93] Ein pragmatischer Ansatz erkennt an, dass die gewählten Lösungen selten perfekt sind.

Seit wir unser Projekt macht.sprache. ins Leben gerufen haben, mussten wir in Anbetracht unterschiedlicher Prioritäten mehrfach pragmatische Entscheidungen treffen – mit vielen davon sind wir nicht ganz zufrieden. Wie die schon genannten Beispiele verdeutlichen, hängen angemessene Lösungen auch vom gegebenen Medium ab. Da wir eine Web-App entwickelten und außerdem Workshops zu diskriminierungskritischem Übersetzen anboten, stießen wir im schriftlichen sowie im mündlichen Umgang auf Herausforderungen, die mit verletzenden Begriffen einhergehen. Wie wir in Kapitel 6 bereits beschrieben haben, kann die Verwendung verletzender Begriffe Schaden anrichten, sodass es gute Gründe gibt, sie überhaupt nicht zu reproduzieren. Unser Ziel mit der Plattform macht.sprache., unseren Workshops und diesem Buch ist jedoch, das Bewusstsein und das Verständnis für solche Begriffe zu schärfen, auch bei denjenigen, die noch nicht mit der Thematik vertraut sind. Wenn wir vom »I-Wort« sprechen, das eine Abkürzung für die rassistische deutsche Fremdzuschreibung für Native Americans ist, werden einige Menschen nicht wissen, was damit gemeint ist, oder warum es überhaupt notwendig sein könnte, das Wort nicht vollständig auszusprechen. In manchen Kontexten gibt es vielleicht sogar mehr als eine Option für das, was gemeint ist, zum Beispiel das N-Wort, von dem es im

Englischen zwei verschiedene gibt. Bei beiden handelt es sich um nicht selbst gewählte Begriffe für Schwarze Menschen. Eines ist in jedem Fall extrem rassistisch, den Bedeutungswandel des anderen haben wir im vorherigen Kapitel erläutert.

Wenn eine von uns Workshops zu diversitysensibler Kommunikation oder diskriminierungskritischem Übersetzen gibt, geht es um Sensibilisierung und die Suche nach gerechteren Ausdrucksweisen. Dazu ist es manchmal notwendig, über verletzende Begriffe zu sprechen und sie als Teil von diskriminierenden Mechanismen einzuordnen. Pragmatische Entscheidungen können helfen, die Begriffe in diesem konkreten Rahmen thematisierbar zu machen. Es besteht die Möglichkeit, zu erklären, dass es um einen rassistischen Ausdruck gehen soll, der dann nur einmal ausgesprochen wird, damit alle Teilnehmenden wissen, worum es geht. Danach kann auf Abkürzungen, zum Beispiel auf das »englische N-Wort mit -o am Ende«, ausgewichen oder auf »das betreffende Wort« verwiesen werden. Im Kontext eines Workshops, bei dem Teilnehmende vorab wissen, auf welches Themenfeld sie sich (freiwillig) einlassen, dienen manchmal etwas sperrige Formulierungen oder Ausweichstrategien der kritischen Auseinandersetzung mit den diskriminierenden Inhalten und der Suche nach alternativen Umgangsweisen, ohne dass der Rassismus durch wiederholtes Aussprechen ständig reproduziert wird.

In verschiedenen Gruppen können unterschiedliche Kommunikationsvereinbarungen getroffen werden. In Workshops oder Seminaren machen wir das Gespräch darüber, wie wir miteinander sprechen wollen, häufig zu einem Teil des Programms. Dabei geht es in der Regel um generelle Wünsche und Leitlinien für den Umgang miteinander (und nicht nur um einzelne Begrifflichkeiten). Oft äußern Teilnehmende, dass es ihnen wichtig ist, auf Verallgemeinerungen zu verzichten, sich gegenseitig aussprechen zu lassen und auf eine gerecht verteilte Redezeit zu achten, von eigenen Erfahrungen zu sprechen oder Fragen zu kontextualisieren. So ein Austausch über den kommunikativen Rahmen kann zu einem freien Konsens führen, der die verschiedenen Perspektiven der Teilnehmenden berücksichtigt. Derartige Absprachen sind keine Garantie dafür, dass es keinerlei Verletzungen oder Konflikte geben wird, aber es entsteht mehr Klarheit darüber, was die Beteiligten unter respektvollem Verhalten verstehen und wo individuelle Grenzen liegen.

Auf machtsprache.de, wo Nutzer*innen gemeinsam eine Datenbank mit potenziell diskriminierenden Begriffen und möglichen Alternativen aufbauen, ist es in gewisser Weise der Sinn der Sache, Begriffe zu sammeln, die verletzend und problematisch sein können. Wir standen also vor der Herausforderung, Gewalt bei der Wiederholung solcher Begriffe zu reproduzieren. Gleichzeitig wollten wir nicht nur diejenigen ansprechen, die bereits ein Verständnis dafür haben, um welche Begriffe es geht und warum sie verletzend sind. Mit Gesprächspartner*innen, die sich mehr oder weniger anonym mit Pseudonymen auf einer Onlineplattform austauschen, ist ein freier Konsens nicht möglich. In diesem Fall haben wir uns, wie in Kapitel 7 »Kollaborative Wissensproduktion« erwähnt, einerseits für eine Triggerwarnung in Form eines Pop-up entschieden, das alle beim ersten Besuch der Website darüber informiert, dass sie dort in der Datenbank und den Diskussionen möglicherweise mit diskriminierenden Begriffen konfrontiert werden. Andererseits haben wir uns für eine Schaltfläche entschieden, die es Nutzer*innen ermöglicht, selbst zu entscheiden, ob sie einen verletzenden Begriff vollständig ausgeschrieben sehen wollen oder ob sie eine Schreibweise wie »N***o« bevorzugen.

Die Philosophie des US-amerikanischen Pragmatismus geht nicht von absoluten Wahrheiten aus, sondern davon, dass Menschen über Erfahrungen Erkenntnisse entwickeln. Eine Idee wird nach ihrem pragmatischen Nutzen für eine bestimmte Situation bewertet. Patricia Hill Collins schreibt: »Indem der Pragmatismus individuelle Erfahrungen in den Mittelpunkt der sozialen Welt stellt, ermöglicht dies eine Analyse von Erfahrung, die deren Wert für das intellektuelle Hinterfragen unterstreicht.«[94] Für unseren Workshop-Kontext bedeutet das, dass wir evaluieren können, ob die Kommunikationsvereinbarungen für die Anwesenden funktioniert haben. Wir haben die Möglichkeit, uns gemeinsam über den Nutzen der vorgeschlagenen pragmatischen Lösung zu verständigen. Auch unter Freund*innen, Arbeitskolleg*innen und in verschiedensten Konstellationen von Menschen, die regelmäßig miteinander zu tun haben, können gemeinsame Vereinbarungen in Bezug auf Sprache und Umgang miteinander gefunden werden. Eine feministische Lesegruppe könnte Übereinkünfte über den Umgang mit herabwürdigenden Begriffen für Frauen, Lesben, inter, nichtbinäre und trans Personen treffen. Vielleicht handelt es sich um einen freiwilligen Zusammenschluss von Personen, deren Ziel es ist, über sexistische und heterosexistische Strukturen zu sprechen. Vielleicht findet diese Gruppenkonstellation es in diesem speziellen Kontext nützlich, bestimmte Beleidigungen genau als solche zu benennen. Das bedeutet nicht, dass Außenstehende das nicht anders sehen könnten oder dass die Verwendung außerhalb der Gruppe ebenso angemessen wäre. Ein pragmatischer Ansatz kann so angepasst werden, dass er für diejenigen, die an dem Gespräch teilnehmen, angemessen ist. Wichtig ist, dass alle Beteiligten Gehör finden und alle Perspektiven ernst genommen werden, was nicht immer der Fall ist, da innerhalb von Gruppen oft Hierarchien bestehen, die dazu führen, dass nicht jede Ansicht gleichberechtigt berücksichtigt wird.

Pragmatische Entscheidungen beinhalten häufig Aushandlungsprozesse und Kompromisse, die für die Beteiligten frustrierend und unbefriedigend sein können. In diesem Prozess ist es wichtig, zu fragen: Welche Präferenzen haben diejenigen, die von einer bestimmten Form von Diskriminierung betroffen sind? Was steht auf dem Spiel? Welcher Preis muss gezahlt werden? Und wer trägt die Kosten?

In den erwähnten Beispielen ging es um praxisorientierte Situationen, in denen einzelne Personen oder Gruppen pragmatische Entscheidungen getroffen haben. Aber Macht ist, wie in vorherigen Kapiteln erwähnt, strukturell und institutionell verankert, und pragmatische Entscheidungen werden auch durch diese Makroebene beeinflusst.

Stell dir zum Beispiel vor, das Unternehmen, bei dem du arbeitest, organisiert eine öffentliche Diskussionsveranstaltung, an der Menschen mit SehbeHinderungen teilnehmen könnten, wenn für sie Vorkehrungen getroffen würden. Zum Beispiel müsste dann darauf geachtet werden, dass die Veranstaltungsankündigung im Internet den Best Practices der digitalen Barrierefreiheit entspricht – dass unter anderem das Layout übersichtlich ist, Schrift horizontal verläuft und Bilder mit Alternativtext ausgestattet sind, damit sie vom Screenreader vorgelesen werden können –, und es könnte ein Veranstaltungsort mit Blindenleitsystem gesucht werden, mit Blindenschriftmarkierungen im Aufzug, mit Stockwerkansage und so weiter.

Wenn du allein für die Veranstaltungsorganisation verantwortlich bist, reicht dir vielleicht die Zeit nicht oder dir fehlt die Expertise, ein umfangreiches Konzept für eine barrierearme Teilnahme an der Veranstaltung bereitzustellen. Vielleicht kann oder will das Unternehmen, für das du arbeitest, keine finanziellen Mittel für eine bessere Zugänglichkeit zur Verfügung stellen. Die Tatsache, dass dieses Unternehmen nicht bereit ist, die Kosten zu übernehmen, bedeutet jedoch nicht, dass nicht trotzdem ein Preis gezahlt wird. Zahlen müssen nun diejenigen, deren Bedürfnisse nicht berücksichtigt werden.

Aktuell herrschen in Deutschland ableistische Strukturen vor, und Bedürfnisse von beHinderten Menschen werden systematisch nicht mitgedacht. So wie Städte, Gebäude, Geschäfte, Schulen oder Unternehmen geplant werden, haben beHinderte Menschen häufig nur einen eingeschränkten Zugang zu ihnen. Institutionen, Gebäude und Abläufe müssten für eine gerechtere Teilhabe vollkommen anders gestaltet werden. So eine umfassende Umgestaltung wäre viel Arbeit. Manchmal tun Einzelpersonen oder Organisationen nichts, weil die Aufgabe, diskriminierende Strukturen vollständig zu beseitigen, so groß und so schwierig erscheint. Sie schrecken vor dem schier unmöglichen Ziel der Diskriminierungsfreiheit zurück und ändern daher nichts. Ein pragmatischer Ansatz für eine diskriminierungskritische Praxis erkennt Grenzen an, arbeitet aber daran, so viel Schaden wie möglich zu verringern. Als erster Schritt könnten verschiedene Interessenvertretungen angesprochen werden, um herauszufinden, welche kostengünstigen und wenig technisierten Optionen für die betroffenen Gruppen zumindest zu einem gewissen Grad nützlich sein könnten: Wenn für die geplante Diskussionsveranstaltung Lesematerial vorgesehen ist und dafür nur eine Papierversion zur Verfügung steht, wie können dann Barrieren für Personen mit Sehbeeinträchtigung einigermaßen abgebaut werden? Wären Handreichungen in einer großen schnörkellosen Schrift mit hohem Kontrast wünschenswert? Wie sollten die Räumlichkeiten am besten beleuchtet werden?

Fehlende Ressourcen oder fehlender Wille von Vorgesetzten und Personen in institutionellen Machtpositionen müssen nicht als unveränderliche Tatsachen akzeptiert und pragmatische Entscheidungen nicht als Endpunkt verstanden werden. Wenn etwas *jetzt* ist, wie es ist, und nur wenig Spielraum besteht, kann diese Situation trotzdem als Ausgangspunkt für Veränderungsprozesse dienen. In diesem Sinne schätzt die Philosophie des Pragmatismus das Experimentieren: Die Bedeutung einer Handlung ergibt sich im sozialen Kontext. Handlungen bestimmen, was als Wahrheit verstanden wird. Diese Erfahrungswerte können dann auch in der Zukunft genutzt und angepasst werden. Da Diskriminierung als soziales Problem fortbesteht und sich wandelt, muss sie immer wieder überdacht und aufs Neue analysiert werden, wodurch auch weitere Ideen für Handlungsoptionen entstehen. Die Suche nach einer pragmatischen Lösung für den Moment, die den aktuellen Gegebenheiten so gut wie möglich gerecht wird, ist somit Teil eines fortlaufenden Prozesses. Langfristig ist struktureller Wandel nötig, und pragmatische Entscheidungen können in diesem Veränderungsprozess eine schrittweise fortlaufende Annäherung sein.

Pragmatischen Lösungen liegt ein Aushandeln verschiedener Prioritäten und ein Bewusstsein für unperfekte Ergebnisse zugrunde. Solche situationsabhängigen Übergangslösungen sollten nicht mit dem eigentlichen Ziel, gegen strukturelle Diskriminierung vorzugehen, verwechselt werden: Institutionen, Gesetze und bürokratische Strukturen müssen sich ändern. Pragmatische

Lösungen sollten nicht instrumentalisiert werden, um die Verantwortung, mit den diskriminierenden Strukturen zurechtzukommen, auf diejenigen zu verlagern, die unter ihnen leiden, und sie sollten nicht von erstrebenswerteren Zielen ablenken, können aber als bewusste und informierte Entscheidungen dazu beitragen, die Gegenwart humaner zu gestalten und Schritt für Schritt in Richtung Gerechtigkeit voranzuschreiten.

11 KONTEXTABHÄNGIGKEIT

Macht Sprache 11:
Der Kontext bestimmt die Bedeutung von Begriffen, und jeder Kontext ist spezifisch. Eine sensible Sprachpraxis berücksichtigt kontextbedingte Gegebenheiten. Einige Sprachwendungen eignen sich nur zu bestimmten Zeiten, an bestimmten Orten, für bestimmte Arten der Kommunikation oder ausgewählte Zielgruppen.

Wer in Berlin in einer Bäckerei einen Pfannkuchen bestellt, erhält ein Gebäck, das in anderen Teilen von Deutschland als Berliner verkauft wird. Die Bedeutung eines Begriffs, einer Geste oder eines Symbols wird von einer Sprachgemeinschaft ausgehandelt. Wen die Aushandlungsgemeinschaft umfasst, kann variieren. Manchmal sind alle, die die jeweilige Sprache sprechen, beteiligt, manchmal handelt es sich um Dialektsprecher*innen aus bestimmten Regionen oder, wie im vorherigen Kapitel erwähnt, um die Teilnehmenden eines Workshops. Menschen nehmen Einfluss auf die Kontexte, in denen sie sich bewegen, und produzieren Bedeutungen. In diesem Kapitel betrachten wir einige Symbole und Begriffe, die je nach geografischem, historischem oder sozialem Kontext eine andere Bedeutung haben. Und zum Schluss überlegen wir, welche Konsequenzen das für die alltägliche Kommunikationspraxis haben könnte.

Wenn deutsche Reisende sich in Indien ein Souvenir kaufen wollen und bei der genaueren Betrachtung eines Saris feststellen, dass die verschlungenen Muster Hakenkreuze beinhalten, reagieren sie vielleicht schockiert. Für viele Menschen im Globalen Norden ist dieses Symbol unmittelbar mit dem Nationalsozialismus verbunden. Als religiös-kulturelles Symbol des Buddhismus, Jainismus oder Hinduismus ist es ihnen weniger vertraut. Die aus der nationalsozialistischen Ikonografie bekannte nach rechts gerichtete Swastika ist in den genannten Religionen mit Wohlstand und Glück verknüpft. Wenn dieses Symbol jedoch als Graffiti in den Straßen einer deutschen Stadt zu sehen ist, vermittelt es etwas absolut anderes: Auch nach 1945 bleibt das Hakenkreuz ein verbindendes Identitäts- und Erkennungsmerkmal von Rechtsradikalen und Neonazis. Der Kontext bestimmt die Bedeutung des Symbols und hängt eng mit der jeweiligen Verwendungsgeschichte zusammen.

Die Kontextabhängigkeit von Begriffen oder Symbolen hat viele Facetten. Eine davon ist die in Kapitel 1 thematisierte Positionierung, die für einen diskriminierungskritischen Sprachgebrauch zu berücksichtigen ist – zum Beispiel mithilfe der Fragen: Wer spricht? Und wer wird angesprochen? Ein diskriminierungskritischer Sprachgebrauch, der Gesten, Bildsprache und Symbolik miteinbezieht, hängt oft davon ab, wo Menschen sich verorten und wen sie sich als Adressat*innen vorstellen.

Ursprungsort und Zielort, Sender*in und Empfänger*in sind ausschlaggebend für die Wirkung von gesprochenen oder geschriebenen Worten, Gesten und Symbolen. Zum Kontext gehört auch die Frage: Wie wird das Gegenüber oder die Zielgruppe angesprochen? Das Medium einer Sprachhandlung – also auf welche Art und Weise sie getätigt wird – impliziert, wer angesprochen wird und welche Form die Ansprache nimmt. Für eine diskriminierungskritische Praxis kann es also hilfreich sein, sich Gedanken über Format oder Genre zu machen.

Ein kurzer Social-Media-Beitrag, eine Veranstaltungsankündigung, eine Pressemitteilung, ein historischer Roman oder eine wissenschaftliche Abhandlung werden ganz unterschiedlich geschrieben. Diese Formen der Kontextspezifität spiegeln sich in Grammatik, Satzbau und Ton wider. Die Möglichkeiten sind unendlich: Lange Schachtelsätze, kurze Statements, Fachbegriffe, Leichte Sprache, sachliche Darstellungen oder kreative Metaphern. Um zu entscheiden, was passt oder was ein diskriminierungskritischer Ansatz wäre, hilft Klarheit über den Kontext und den Texttyp.

In Bezug auf wissenschaftliche Texte oder Sachbücher besteht die Möglichkeit, diskriminierende Begriffe und ihre Verwendung, wenn nötig, in Textpassagen oder Fußnoten zu erläutern. So legen Thomas Niehr und Jana Reissen-Kosch in ihrem Buch *Volkes Stimme? Zur Sprache des Rechtspopulismus* dar, dass sie sich kritisch mit den Aussagen von rechten Politiker*innen auseinandersetzen wollen und diese für diese Zwecke auch abbilden. Sie erklären gleich zu Beginn, was Lesende in dem Buch erwartet: »Zwei Kapitel widmen sich besonderen Wörtern, die von Rechtspopulisten gerne verwendet werden. Dies sind einerseits historisch belastete Wörter [...], andererseits ›neue‹ Wörter, die von Rechtspopulisten in einer ganz bestimmten Weise verwendet werden [...]. Kalkulierte Tabubrüche, die von Rechtspopulisten immer wieder sehr gezielt eingesetzt werden.«[95] Im Kontext dieses Buches soll über teilweise gewaltvolle Inhalte aufgeklärt werden, um die Strategien von Rechtspopulisten transparent zu machen. Es wäre in diesem Fall kontraproduktiv, die Begriffe, von denen zahlreiche auf die NS-Zeit zurückgehen, nicht zu benennen. Die Autor*innen erklären ihre Vorgehensweise, machen ihre kritische Haltung klar und vermitteln dann das nötige Wissen, damit Lesende rechte Strategien entlarven können. Diese Textsorte bietet den nötigen Raum für eine gewissenhafte Rahmung von teilweise verletzenden Begriffen. Lesende, die zu diesem Buch greifen, werden durch den Titel und die Einleitung bereits darüber informiert, was sie erwartet.

Bei einem Social-Media-Beitrag ist es hingegen wichtig, kurz und knackig zum Punkt zu kommen, auch weil auf vielen Plattformen die Zeichenzahl begrenzt ist. Für Erklärungen bleibt wenig Platz, und der Zwang zur Knappheit wirkt sich auf die Begriffswahl aus. Wenn der Rahmen gesprengt wird, stellt sich die Frage: Was streichen? Etwa die oft längeren genderinklusiven Formulierungen? Oder können andere Begriffe abgekürzt oder Füllwörter gestrichen werden? Im Social-Media-Format ist es zudem auch in Deutschland in vielen Communitys üblich, englische Begriffe einzustreuen. Wer viele Wörter aus anderen Sprachen benutzt, spricht eher diejenigen an, die diese Sprachen verstehen. Aber auch eine fach- oder gruppenspezifische Sprache kann wie eine Fremdsprache wirken. Bestimmte diskriminierungskritische Begriffe sind nur in Kreisen von Expert*innen oder Betroffenen bekannt, und nicht für alle gibt es Varianten, die weniger wie Fachbegriffe klingen.

Wie Positionierung, Medium und Zielgruppe zusammenhängen, lässt sich ebenfalls oft auf Social Media erkennen. Einige Accounts widmen sich der Sichtbarmachung diverser Communitys und nutzen in ihren Posts dementsprechend Begriffe, die unter ihren Mitgliedern oder Follower*innen üblich sind. Ein von queeren Menschen geführter Instagram-Kanal, auf dem Veranstaltungen angekündigt werden, die sich an diejenigen richten, die im Patriarchat eine nicht privilegierte Position einnehmen, verwendet womöglich Sprachwendungen, die in anderen Kreisen nicht bekannt sind. Wenn sie auf diesem Kanal das Akronym FLINTA* für Frauen, Lesben, inter, trans und agender Menschen verwenden oder englische Begriffe wie Dyke[XIX] oder Dragqueen[XX], versteht der Großteil der Zielgruppe ohne Erklärung, wer oder was gemeint ist. Menschen, die sich nicht in queerfeministischen Kreisen bewegen, aber zufällig über den

---

XIX Dyke war früher ein abwertender Begriff für Lesben, heute wird er als Selbstbezeichnung verwendet.

XX Dragqueen ist die Darstellung (übertriebener) Weiblichkeit im Kontext einer Show oder Aufführung, oft, aber nicht immer, durch einen Mann.

Instagram-Kanal stolpern, kennen einige der gewählten Ausdrücke möglicherweise nicht.

Sich Gedanken über Kontexte zu machen bedeutet also nicht nur, sich im Klaren über das Format (Sachbuch vs. kurzer Post) zu sein, sondern auch zu überlegen, wie viel Vorwissen das Zielpublikum hat, wer sich primär angesprochen fühlen sollte und wer vielleicht ausgegrenzt wird. Das kann bei der Einschätzung helfen, ob die Verwendung von englischen Begriffen oder Fachjargon angebracht ist. Positionierung und Medium sind also zwei Facetten von Kontextspezifität, die sich gegenseitig bedingen: Sich Gedanken über die Form oder das Genre einer Sprachhandlung zu machen kann in die Einschätzung einfließen, wie sich die Angesprochenen positionieren.

Wie die Beispiele, mit denen wir dieses Kapitel begonnen haben, zeigen, wirken sich auch der räumliche und der geografische Kontext erheblich auf die Bedeutungsebenen von Worten und Symbolen aus. Die Komplexität dieser Art von Kontextabhängigkeit lässt sich beispielsweise am englischen Wort »~~colored~~« verdeutlichen, das wir im Folgenden durch die unterschiedlichen räumlichen Gegebenheiten der USA, Südafrikas und Deutschlands verfolgen, um zu zeigen, wie diese Art Kontext die spezifische Textur diskriminierender Sprache bestimmen kann.

In den USA wurde der Begriff zu Beginn des 20. Jahrhunderts noch von Anti-Rassismus-Aktivist*innen und -Organisationen als akzeptabler und sogar empowernder Begriff verstanden. Eine der ältesten und einflussreichsten Organisationen der Bürgerrechtsbewegung in den USA, die 1909 gegründet wurde, trug den Namen National Association for the Advancement of ~~Colored~~ People (NAACP). Wir haben das Wort, wie bereits andere zuvor, durchgestrichen, um den Begriff nicht vollständig zu reproduzieren, denn heutzutage gilt er als beleidigend.[XXI] Er ist eng mit der Jim-Crow-Ära und der Segregation verbunden. Die NAACP heißt zwar noch so, verwendet jedoch auf der eigenen Website durchweg den Ausdruck »Black people«.[96]

Der gleiche Begriff hat in Südafrika eine völlig andere Aussagekraft, denn dort diente er während der Apartheid Mitte des 20. Jahrhunderts als gesetzlich verankerte rassistische Kategorie. Im sogenannten Population Registration Act von 1950 wurde die gesamte südafrikanische Bevölkerung zwangsweise in drei rassistisch definierte Gruppen eingeteilt, und dieser Begriff benannte eine dieser Kategorien, die Menschen bezeichnen sollte, die von der Apartheid-Regierung weder als Indigen/Schwarz (»native« im Gesetz) noch als *weiß* eingestuft wurden.[97] Je nach Zuordnung hatten sie unterschiedliche Rechte. Alle, die als nicht *weiß* eingestuft wurden, erlebten drastische und manchmal tödliche Einschränkungen in allen Bereichen ihres Lebens.

XXI Hier ist auch die Dimension der zeitlichen Kontextspezifität zu erkennen – die Art und Weise, in der sich die Bedeutung eines Begriffs im Laufe der Zeit ändern kann. Wir erörtern ein paar solche Beispiele in Kapitel 9.

Mit der vielleicht auf den ersten Blick naheliegenden deutschen Übersetzung »~~farbig~~« ist es wiederum anders. Dieser Begriff wurde in Deutschland nie widerständig und auch nicht gesetzlich verwendet. Mitglieder der Schwarzen deutschsprachigen Community, Anti-Rassismus-Forscher*innen und -aktivist*innen raten aus vielen Gründen von der Verwendung dieses Begriffs ab. Hier nur ein paar Stimmen und ihre Argumente dagegen: Daphne Nechyba sagt in einem Interview, dass sich ihr bei dem Begriff die Haare aufstellen, da es sich um einen Kolonialbegriff handle.[98] Noah Sow erklärt die Problematik, indem sie darauf verweist, dass diese koloniale Fremdbezeichnung Schwarze Menschen zur Abweichung des *weißen* Normalzustands (ohne Farbe) machen würde.[99] Olaolu Fajembola und Tebogo Nimindé-Dundadengar merken kritisch an, dass *weiße* Menschen den betreffenden Begriff manchmal in der Annahme, er würde positiver klingen als Schwarz, wählen würden. Doch in der Vermeidung erkennen sie Unsicherheiten, Vorbehalte und eine ambivalente Beziehung zum Begriff Schwarz.[100]

Dieses Beispiel ist in verschiedenen zeitlichen und geografischen Kontexten verankert sowie in spezifischen soziokulturellen Diskursen – das heißt, in jedem Kontext bedeutet der betreffende Begriff etwas anderes. Alternativ wird heutzutage in vielen Kontexten der Ausdruck »Person of Color« verwendet, auch in Deutschland. Wir haben schon häufig Gespräche darüber geführt, warum denn in einem deutschsprachigen Land dieser englische Begriff verwendet werden sollte, wenn der zuvor genannte deutsche doch wie eine passende direkte Übersetzung wirkt. Das hängt mit der jeweiligen Entstehungsgeschichte der Begriffe zusammen. Sie scheinen Ähnlichkeiten zu haben, aber ein entscheidender Unterschied ist, dass es sich bei »Person of Color« um eine aktuelle Selbstbezeichnung handelt, die viele Menschen verwenden, um ihre eigenen Rassismuserfahrungen zu thematisieren – und zwar als gesellschaftspolitische Realität unabhängig von der »tatsächlichen Farbgebung« und ohne die Diskussion auf »Biologismen [zu] verlagern«, wie Noah Sow betont.[101] Der nach Deutschland importierte Begriff hilft, den Rassismusdiskurs auch hier voranzutreiben. Aber – wie es Wörter so an sich haben – vielleicht wird in einigen Jahren ein neuer entstehen. In den USA, wo der Begriff »People of Color« zunächst entwickelt wurde, wird mittlerweile häufig von »Black and Brown people« gesprochen. Einige deutsche People of Color nutzen die wörtliche deutsche Übersetzung »braun« als Selbstbezeichnung. Angesichts des deutschen historischen Kontextes kann »braun« gleichzeitig für viele Menschen Konnotationen des Nationalsozialismus mit sich bringen, denn »die Braunen« kann auch Nazis und Neonazis bezeichnen. Die mit dem Begriff verbundenen Bedeutungen können also selbst als veränderlich und kontextspezifisch angesehen werden, wobei einige Communitys »braun« tatsächlich im gleichen Sinne verwenden und verstehen wie im anglophonen Raum.

Um den Überblick über die vielen Bedeutungsnuancen von einzelnen Begriffen zu behalten, bedarf es einer gewissen Auseinandersetzung mit ihnen. Sprechende können ein Feingefühl für kontextuelle Unterschiede entwickeln: Welche historischen, geografischen und soziokulturellen Gegebenheiten prägen diesen Begriff hier und jetzt? Wie kommen bestimmte Formulierungen bei Gesprächspartner*innen oder Zielgruppen an? Wie viel Vorwissen kann von diesen erwartet werden? Was erlaubt das gewählte Medium? Ein diskriminierungskritischer Sprachgebrauch beinhaltet eine Aushandlung zwischen den Gegebenheiten eines bestimmten Kontexts und dem eigenen ethisch-politischen Rahmen.

12 METAPHERN – GEFAHREN, GRENZEN, SCHÖNHEIT

Macht Sprache 12:
Metaphern prägen Strukturen des Denkens und Sprechens. In einigen Metaphern ist Diskriminierung verankert, und sie erweisen denjenigen, die diskriminierungskritisch sprechen wollen, einen Bärendienst. Andere Metaphern können zwei Fliegen mit einer Klappe schlagen: Sie verweisen auf diskriminierende Strukturen und helfen, gegen sie vorzugehen.

Im April 2015 war Köln in Gefahr: »Köln versinkt in Flüchtlingsflut.«[102] Ende Juli 2023 ruft die *Bild*-Zeitung aus: »Polizeigewerkschaft warnt vor neuer Flüchtlingswelle im Herbst.«[103] Und 2024 werden Vergleiche angestellt, »welche EU-Länder wegen Flüchtlingswelle ächzen«[104]. Wasser-Metaphern sind im medialen Diskurs um Migration fast zum Standard geworden: Flüchtlingswelle, Flüchtlingsflut, Flüchtlingsstrom. Diese Begriffe tauchen immer wieder in den Schlagzeilen über flüchtende Menschen auf. Derartige Metaphern, und Metaphern im Allgemeinen, sind so alltäglich, dass diejenigen, die sie verwenden oder in Zeitungen lesen, nicht unbedingt darüber nachdenken, was sie beinhalten. Aber natürlich sind Metaphern wie die oben genannten für Migrant*innen entmenschlichend und damit Teil von größeren Diskursen des antimuslimischen und anti-Schwarzen Rassismus. Sie unterschlagen die Individualität einzelner Menschen und machen aus ihnen eine undifferenzierte Masse, die oft als Bedrohung oder Belastung dargestellt wird.[105] Genau diese Vorstellung von Migrant*innen prägt auch die Politik: Im August 2023 verkündete Innenministerin Nancy Faeser, sie plane, die Abschieberegeln zu verschärfen.[106] Um bei der Wasser-Metapher zu bleiben: Ihre Pläne bedeuten, dass die Flut unter Kontrolle gebracht werden muss.

Wer spricht, verwendet ständig Metaphern, oft ohne es zu merken. Probiere doch einmal aus, wie ein Gespräch ohne Metaphern funktioniert, oder achte darauf, welche Metaphern ein*e Gesprächspartner*in verwendet. Das hilft, die Allgegenwärtigkeit von Metaphern zu erkennen.

Metaphern sind nicht nur ein sprachliches Stilmittel. Sie dienen als Grundlage für menschliches Denken und Handeln, und damit auch für Werte, Regeln und Politik, die von Menschen gemacht werden. Die konzeptuelle Metapherntheorie zeigt, dass Metaphern ermöglichen, eine Sache oder einen Vorgang in den Begrifflichkeiten einer anderen Sache oder eines anderen Vorgangs zu verstehen.[107] Ein Bild von etwas Vertrautem kann helfen, dass Menschen etwas Unbekanntes schneller verstehen. Metaphern prägen also Strukturen des Denkens und Argumentierens, der Philosophie, der Politik und dessen, was als hässlich oder schön, nützlich oder störend, richtig oder falsch betrachtet wird. Metaphern – genau wie Sprache generell – sind kontextspezifisch. Uns interessiert besonders, was die Metaphern, die unseren alltäglichen Sprachgebrauch prägen, unterstellen. Wen schließen diese Bilder implizit aus, wen marginalisieren sie und wen instrumentalisieren sie, um etwas Negatives zum Ausdruck zu bringen?

Metaphern über Helligkeit und Dunkelheit sowie über weiß und schwarz können als erster Ausgangspunkt dienen. Helligkeit und Weißsein werden mit dem Guten und Schönen gleichgesetzt: Ein naheliegendes Beispiel ist Schneewittchen, deren Schönheit mit ihrer schneeweißen Haut verbunden ist. In der englischen Übersetzung wird das Schönheitsideal der hellen Haut noch einmal unterstrichen, denn die Frage der Königin an den magischen Spiegel lautet: »Mirror mirror on the wall, who's the fairest of them all?« »Fair« kann unter anderem mit »hell« ins Deutsche übersetzt werden und wird hier synonym mit »schön« verwendet. Eine Person hat eine metaphorische »weiße Weste«, wenn sie sich ehrenhaft verhält oder unschuldig ist. Die Handlungen einer Person »weißwaschen« zu wollen, bedeutet, sie zu entlasten und von einem Vorwurf zu befreien. Noah Sow stellt in ihrem Buch *Deutschland Schwarz Weiß* fest, dass übliche Assoziationen und Bedeutungen von »weiß« Reinheit, Sauberkeit, Unschuld, Tugendhaftigkeit, Schönheit, Güte und so weiter sind.[108]

Eine »dunkle Absicht« oder ein »schwarzes Herz« zu haben ist dagegen ein Zeichen für das Schlechte und das Böse. Nicht zufällig gab der *weiße* polnisch-britische Schriftsteller Joseph Conrad seiner berühmten rassistischen Novelle über eine Reise ins damalige Belgisch-Kongo im Jahr 1902 den Titel *Heart of Darkness* (dt. *Herz der*

Finsternis). In der Geschichte macht sich ein Europäer, Marlowe, auf die Suche nach einem anderen Europäer, dem einst gefeierten Kolonialisten Kurtz, der sich offenbar im Landesinneren aufhält. Hannah Arendt zufolge diente der deutsche Kolonialist Carl Peters, der für seine Gräueltaten in Deutsch-Ostafrika bekannt wurde, als Vorlage für Kurtz.[109] Dieses schmale Buch ist vielleicht eines der umstrittensten des kolonialen Kanons: Manche hören in dem Rahmenerzähler Marlowe eine imperialismuskritische Stimme (so hatte es sich Conrad selbst wahrscheinlich gedacht). Andere hingegen können über die rassistischen Beschreibungen von Afrikaner*innen nicht hinweglesen. Gerade Conrads obsessiver Sprachgebrauch, der sich auf Begrifflichkeiten rund um das Schwarzsein bezieht, untermauert Chinua Achebes berühmte Aussage, Conrad sei ein »bloody racist«[110].

Auch Begriffe wie »Schwarzmarkt« und »schwarzfahren« lassen erkennen, dass Dunkelheit und Schwärze verwendet werden, um das Unerwünschte zu bezeichnen – in diesen Fällen illegalen Handel und die Nutzung von öffentlichen Verkehrsmitteln ohne Fahrschein. Die Beispiele verweisen auf eine rassistische Basis, denn es werden Unterschiede zwischen schwarz und weiß hergestellt und Hierarchien verfestigt. Sow erklärt, dass sich der deutsche Sprachgebrauch historisch auf diese Weise entwickelt hat.

Die Dämonisierung von Dunkelheit und Schwärze bezieht sich nicht nur auf Handlungsweisen, sondern auch auf Menschen. In mittelalterlichen Dramen wurden Figuren der Untugend oder des Teufels oft in schwarzer

Maske dargestellt. In christlich geprägten Kulturen der Frühen Neuzeit wurden in religiösen und literarischen Texten Menschen anderer Religionen sowie der Teufel schwarz dargestellt. Christliche Darstellungen stützten sich auf die angebliche Schwärze Hams und Noahs Fluch über ihn und gestalteten so einen Diskurs mit, der Schwarzsein mit Knechtschaft und dem Bösen in Verbindung brachte.[111]

Religiös und kulturell bestimmte Vorurteile gehörten dann zum Fundament, auf dem sich in der Zeit vor und während des Kolonialismus verschiedenste rassistische Überzeugungen entfalten konnten. Auch heute ist noch in vielen Köpfen die Verbindung zwischen weiß = gut und schwarz = schlecht verankert, was zu negativen Vorurteilen und herablassenden Pauschalurteilen über Schwarze Menschen und den afrikanischen Kontinent führt.[112] Derartige Vorurteile können zum Beispiel in Form von Racial Profiling dramatische Konsequenzen für Betroffene haben. Racial Profiling bezeichnet das Verhalten von Polizist*innen oder Sicherheitspersonal, wenn diese Schwarzen Personen oder Menschen of Color unterstellen, vermehrt bestimmte Straftaten zu begehen, und sie deshalb häufiger verdächtigen und kontrollieren, beispielsweise häufig zu beobachten bei Grenzkontrollen im Zug oder ähnlichen Situationen. Da Metaphern von Menschen entwickelt werden und menschliches Denken strukturieren, lohnt es sich, kritisch zu reflektieren, inwieweit sie auch die eigenen Wünsche und das Verständnis davon, was gut und schön ist und was nicht, tatsächlich beeinflussen.

Dass das Äußere einer Person auf ihren Charakter schließen lässt, ist ein bekanntes erzählerisches Motiv. Diese Idee findet sich zum Beispiel wiederholt in Szenen, in denen bedrohlichen oder bösen Figuren normabweichende Körper zugeschrieben werden. Implizit oder explizit wird ein Zusammenhang zwischen ihren bösen Absichten und ihrer äußeren Erscheinung unterstellt. Das Aussehen von Caliban aus William Shakespeares *Der Sturm* wird als »monströs« beschrieben, er gilt als »wild«, »triebgesteuert« und »respektlos«. Victor Hugos *Der Glöckner von Notre-Dame*, vielleicht am bekanntesten in seiner Disney-Interpretation, dreht sich um die Umkehrung dieser Idee: Quasimodo verhält sich heldenhaft, *obwohl* es naheliegend wäre, ihn aufgrund seines Rundrückens für einen Schurken zu halten. Körper, die nicht den mehrheitsgesellschaftlichen Schönheits- und Gesundheitsnormen entsprechen, werden in Geschichten oft als böse oder minderwertig codiert. Solche Erzählweisen reproduzieren ableistische Diskriminierung.

Die Disability Studies haben eindrücklich aufgezeigt, dass BeHinderung häufig als Metapher verwendet wird, ohne diejenigen zu berücksichtigen, für die BeHinderung keine Metapher ist. So gibt es beispielsweise scherzhafte Sprüche wie »Besser arm dran als Arm ab«, die in einer schwierigen Lage daran erinnern sollen, dass es noch schlimmer sein könnte – nämlich im Fall einer körperlichen BeHinderung. Clare Barker und Stuart Murray betonen, dass sich die Disability Studies in den Literaturwissenschaften in den 1990er-Jahren vor allem deshalb etablieren konnten, weil sie dazu beitrugen, diese Metaphern und die ihnen zugrunde liegenden Vorurteile zu entschlüsseln.[113] Aus der Erkenntnis, dass BeHinderung als Metapher instrumentalisiert wird, entwickelten sich neue Fragestellungen für die Forschung, die davon wegführen sollten, BeHinderung als bloßes erzählerisches Mittel zu verwenden. In Metaphern werden BeHinderungen und beHinderte Körper oft als Krankheit, Schwäche oder Abweichung dargestellt. Sie stehen dann im Kontrast zu einem implizierten »normalen« oder »gesunden« Körper. BeHinderung als Metapher dient also häufig dazu, eine Person oder eine Situation – real oder fiktional – als »falsch«, »unerwünscht« oder »minderwertig« darzustellen.

Welch negative Folgen derartige Metaphern haben können, zeigt auch die US-amerikanische Schriftstellerin und Kritikerin Susan Sontag in ihrer Auseinandersetzung mit Krankheit als Metapher. In ihren Ausführungen über Krebs und Tuberkulose als Metaphern verweist sie auf die Mythologien, die diese Metaphern um die Krankheiten herum erschaffen, und auf die Geschichten, die sie implizit erzählen. So wurden beispielsweise beide Krankheiten zuweilen als Prozesse konstruiert, bei denen der Körper verzehrt oder aufgefressen (»consumed«) wird.[114] Wieder dient die Metapher dazu, Defizite und Abweichungen von einer implizierten, unsichtbaren Norm (nämlich dem gesunden Körper) zu benennen.

Sontag beschreibt, dass die Krebs-Mythologie die Krankheit so darstellt, als würde sie durch eine ständige Unterdrückung von Gefühlen verursacht werden. Sie verweist auf das Beispiel von Norman Mailer: Der US-amerikanische Schriftsteller, Journalist und Filmemacher verletzte seine Frau schwer mit einem Messer und rechtfertigte die Gewalttat damit, dass er wahrscheinlich Krebs bekommen hätte, wenn er seine mörderischen Gefühle nicht ausgelebt hätte. Die Mythologie, die von den Metaphern rund um Krebs bedient wird, macht Krebskranke dafür verantwortlich, dass sie ihn bekommen haben – und im Fall von Mailer soll auf diese Weise außerdem gewalttätiges Verhalten entlastet werden.[115]

Metaphern können dazu beitragen, Normen aufrechtzuerhalten. Sie können das Dominante privilegieren und diejenigen marginalisieren, die als abweichend konstruiert werden. Das heißt, Metaphern können der Verfestigung von problematischen Machtstrukturen dienen, die in einer Gesellschaft existieren. Dies hat reale Konsequenzen, und für Geflüchtete, Schwarze Menschen und Menschen mit BeHinderung sind diese – wie die obigen Beispiele zeigen – besonders negativ. Sie vermindern ihre Lebensqualität, indem sie Diskriminierungen zementieren. Wenn Mitglieder einer Gesellschaft diese Machtstrukturen ändern oder Kritik an ihnen üben wollen, sind solche Metaphern hinderlich. Metaphern sowie Analogien und Vergleiche haben ihre Grenzen.

Das ist anhand des Beispiels *weißer* feministischer Praxis gut zu erkennen. 1851 hielt Sojourner Truth eine Rede auf einem Frauenrechtskongress in Akron, Ohio. Truth, eine Schwarze Frau, war in die Versklavung hineingeboren worden und setzte sich sowohl für die Abschaffung dieses ausbeuterischen Systems als auch für die Gleichberechtigung von Frauen ein. Ihre berühmt gewordene Frage »Ain't I a Woman?« (Bin ich etwa keine Frau?) verdeutlichte, dass das normative Subjekt der Frauenbewegung zu dieser Zeit *weiß* war und aus der Mittelschicht stammte.[116] *Weiße* Feministinnen behaupteten vielleicht, sich mit Schwarzen Frauen zu verbünden, erkannten aber dabei teilweise nicht, dass diese gleichzeitig von weiteren Diskriminierungsvektoren betroffen waren und eine feministische Bewegung, die das nicht wahrnahm, sich nicht gleichermaßen für die Rechte aller Frauen einsetzen konnte. Diese *weißen* Feministinnen betrachteten ihre Diskriminierung als analog zu der von Schwarzen Frauen. Aber Frau ist nicht gleich Frau. Auch wenn die *weißen* Feministinnen sich solidarisieren und empathisch zeigen wollten, verschleierte ihre Vorgehensweise ihre eigene Beteiligung an den Strukturen der *weißen* Vorherrschaft, durch die Schwarze Frauen marginalisiert werden. Durch Analogien sollen, wie bei Metaphern, Verbindungen hergestellt werden, indem gesagt wird, das eine sei wie das andere. Eigentlich soll auf diese Weise eine Beziehung entstehen. Diese Analogie führte aber nicht zum gewünschten Ziel, da eine wichtige Facette der Beziehung falsch – oder gar nicht – dargestellt wurde.

Eve Tuck und K. Wayne Yang, die beide im Feld der Indigenous Studies[XXII] forschen, kritisieren in ihrem

---

XXII Bei Indigenous Studies handelt es sich um ein Forschungsgebiet, das sich mit den Kulturen, der Geschichte und den Wissenssystemen von Menschen in verschiedenen Kontexten be-

mittlerweile recht bekannten Text *Dekolonisierung ist keine Metapher* was passiert, wenn etwas, das eigentlich eine widerständige politische Praxis sein sollte, *nur* zur Metapher wird.[117] Konkret beziehen sie sich auf das Konzept der Dekolonisierung. Das heutige Kanada und die USA sind infolge von Siedlungskolonialismus entstanden, also europäischer Expansion, in der Kolonialist*innen Territorien mit der Absicht, dort zu bleiben, in Besitz genommen haben. Das heißt, europäische Siedler*innen haben die Indigenous Bevölkerung vertrieben oder ermordet, um das Land auf Dauer für eigene Zwecke zu nutzen. Im Kontext des Siedlungskolonialismus sollte Dekolonisierung Tuck und Yang zufolge Indigenous Wissenssysteme respektieren und eine radikale Umgestaltung des bestehenden Systems bedeuten. Das heißt, die Beziehung zu Land – die Verteilung und die Idee, es zu besitzen – müsste grundsätzlich infrage gestellt und verändert werden.

Tatsächlich wird der Begriff aber immer öfter einfach zur Beschreibung von Praktiken und Haltungen eingesetzt, die sich grob gegen den Kolonialismus und seine anhaltenden Nachwirkungen richten. Dekolonisierung wird damit zu einem leeren Begriff. Wenn Museen, Universitäten oder Curricula metaphorisch dekolonisiert werden, wird die eigentliche Dekolonisierung tatsäch-

---

schäftigt, die schon vor dem europäischen Kolonialismus in diesen Teilen der Welt lebten. In dieser Passage verwenden wir den Begriff Indigenous, da dies die gewählte Bezeichnung für die in Nordamerika entstandene Forschungsrichtung ist, die es so in Deutschland (noch?) nicht gibt.

lich ausgebremst oder sogar verhindert. Denn so können auch Siedler*innen behaupten, dass sie dekoloniale Arbeit leisten, ohne sich wirklich damit auseinanderzusetzen, welche weitreichenden Folgen eine tatsächliche Dekolonisierung für sie hätte. Das heißt, *weiße* Menschen mit europäischen Vorfahren, die in Nordamerika gesiedelt haben, können zum Beispiel eine Veranstaltung damit eröffnen, dass sie anerkennen, sich auf dem Land von Indigenous Communitys zu befinden. Aber dieser symbolische Akt ändert rein gar nichts daran, dass die Machtverhältnisse zwischen genau diesen *weißen* Personen und der lokalen Indigenous Bevölkerung immer noch völlig ungleich sind und auf anhaltender kolonialer Ungerechtigkeit beruhen. Damit dient Dekolonisierung als Metapher laut Tuck und Yang dem Gegenteil: der Aufrechterhaltung kolonialer Strukturen, während es das Gewissen derjenigen beruhigt, denen genau das eher unangenehm sein sollte.

Mit der Kritik an einigen Metaphern möchten wir jedoch keine Verlustängste heraufbeschwören. Als Literaturliebhaberinnen schätzen wir Metaphern weiterhin sehr. Außerdem wäre es schier unmöglich, Metaphern aus unserem Denken und Sprechen zu verbannen, wie die konzeptuelle Metapherntheorie zeigt. Vielmehr möchten wir zu einer kritischen Auseinandersetzung mit Metaphern einladen und fragen, was bestimmten Metaphern zugrunde liegt, wem sie schaden könnten und wie.

Das heißt vielleicht schon, dass diejenigen, die sich diskriminierungskritisch ausdrücken möchten, bereit sein müssen, manche Formulierungen zu vermeiden, was als Verlust wahrgenommen werden kann. Gleichzeitig ist es wichtig zu bedenken, dass es sich – wie bei den meisten Möglichkeiten rund um sprachliche Veränderungen, die wir in diesem Buch beschreiben – nicht nur um einen Verlust handeln muss, sondern auch um eine Einladung, kreative Alternativen zu finden.

Metaphern eignen sich nämlich nicht nur, um diskriminierende Strukturen zu untermauern, sie können genauso wirkungsvoll eingesetzt werden, um sie zu untergraben. Bereits in Kapitel 1, »Positionierung«, haben wir erwähnt, dass Kimberlé Crenshaw in den 1990er-Jahren den Begriff »Intersektionalität« als Metapher eingeführt hat, um besser erklären zu können, dass verschiedene Formen von Diskriminierung sich überschneiden. Der Begriff wurde von vielen begeistert aufgegriffen. Dieser Erfolg lässt sich unter anderem damit erklären, dass die räumliche Metapher einer Straßenkreuzung für viele Menschen gut nachvollziehbar ist. Das konkrete Bild eines physischen Orts hilft, die abstrakten Überschneidungspunkte verschiedener Machtsysteme zu erfassen. Außerdem legte die Metapher bei ihrer Einführung nahe, dass die Betrachtung dieser verschiedenen Machtsysteme nützlicher sein könnte, um soziale Phänomene zu analysieren, als frühere Varianten, die Rassismus und Sexismus (und weitere -ismen) getrennt voneinander betrachteten. Durch den Blickwinkel, den Intersektionalität als Metapher bot, konnten neue Erkenntnisse über soziale Beziehungen gewonnen werden. Als Metapher bietet Intersektionalität ein vorgefertigtes Denkgerüst, das variabel zum besseren Verständnis für das Zusammenspiel von verschiedenen Formen von Diskriminierung (in unterschiedlichen Konstellationen) genutzt werden kann. Diese Flexibilität macht Intersektionalität als Metapher so beliebt und nützlich.[118]

Eine weitere bekannte Metapher, die Diskriminierungsprozesse bildlich verständlich machen soll, ist die »gläserne Decke«. Sie hat ihren Ursprung in feministischen Bewegungen, wurde in den 1970er-Jahren eingeführt und verweist darauf, dass Frauen auf ihrer Karriereleiter irgendwann nicht mehr weiterkommen, weil sie gegen eine gläserne Decke stoßen. Die Metapher ermöglicht verschiedene Perspektiven auf die berufliche Situation von Frauen: (1) Real existierende Hindernisse, denen Frauen im Berufsleben begegnen, wirken zunächst unsichtbar wie Glas, aber sie sind da und können als Teil der gläsernen Decke benannt werden. (2) Frauen können durch die gläserne Decke sehen, was über ihnen passiert, werden aber davon ausgeschlossen.

Um Vielfalt zu feiern, werden gerne bunte Farben als Metapher verwendet, zum Beispiel in Form eines Regenbogens. Die Fähigkeit dieser Farben, ein politisches Signal für Vielfalt zu setzen, wurde im Juni 2021 deutlich, als der Vorschlag der Stadt München, das Fußballstadion für ein Spiel zwischen den Nationalmannschaften der Herren Deutschlands und Ungarns in Regenbogenfarben zu beleuchten, eine Kontroverse auslöste. Die Regenbogenbeleuchtung sollte angesichts einer kürzlich von der ungarischen Regierung verabschiedeten queerfeindlichen Gesetzgebung ein Zeichen der Solidarität mit der LGBTQIA+-Community repräsentieren.

Die Regenbogenfahne als internationales Zeichen der LGBTQIA+-Community setzte sich in den 1970er-Jahren durch. Die bunten Farben sollen Stolz ausdrücken – sie sind ein prominentes Symbol bei Pride-Demonstrationen – und darauf verweisen, dass Gender und Sexualität ein Spektrum sind. Wie das Farbspektrum, das sie darstellt, steht die Regenbogenflagge für zahlreiche Zwischenräume. Anstatt an der Zweigeschlechtlichkeit – dem strikten Entweder-oder – festzuhalten, verweisen die Regenbogenfarben auf unzählige Möglichkeiten. So überrascht es auch nicht, dass es mittlerweile zahlreiche Varianten der Flagge gibt. Die kulturellen Assoziationen, die mit dem Regenbogen verbunden sind, sind positiv: Er steht für Glück, ist ein Naturereignis, das bestaunt wird, und wird in seiner Buntheit auch meist als schön empfunden.

Außerdem lässt sich die Metapher auf andere Kontexte übertragen: In Bezug auf queere Familienkonstellationen wird häufig von »Regenbogenfamilien« gesprochen. In diesem Zusammenhang ist es ein griffiger Begriff, der auch als Abkürzung dient – »Familie, in der mindestens ein Elternteil gleichgeschlechtlich liebt oder transgeschlechtlich lebt« ist deutlich länger. Die Metapher des Regenbogens wird auf vielfache Weise eingesetzt, um auf die Existenz queerer Menschen und Lebensweisen aufmerksam zu machen, aber auch, um für Gleichberechtigung zu kämpfen.

Wie bei allen politischen Labeln oder Sammelbegriffen gibt es Menschen, die sich gerne mit Metaphern identifizieren und andere, für die bestimmte Metaphern nicht funktionieren. Wie Sprache generell, wandeln sich auch Metaphern mit der Zeit. Menschen passen sie an ihre Bedürfnisse und Lebensumstände an. Aber die genannten Beispiele zeigen dennoch, welche Art von Metaphern eine Vorstellung dessen ermöglichen kann, was passieren würde, wenn geltende kulturelle Werte herausgefordert und transformiert würden, wenn alte soziale Hierarchien infrage gestellt und bestehende Maßstäbe und Normen geändert würden.

Im folgenden Kapitel gehen wir mit einem ähnlichen Ansatz an Fragen des Humors heran. Ein humorloser Umgang mit Sprache ist genauso wenig wünschenswert wie ein metaphernarmer. Gleichzeitig kann Spaß verderben aber manchmal sogar mehr Spaß machen.

13 EIN BISSCHEN HUMOR MUSS SEIN

Macht Sprache 13:
Humorlosigkeit ist nicht erstrebenswert. Trotzdem kann Diskriminierungskritik bewusstes Nichtlachen bedeuten. Manchmal, wenn ein Witz nach unten tritt, macht das Spaßverderben vielleicht sogar selbst Spaß. Und Humor, der absurde Machtverhältnisse und Ungleichheiten offenbart, kann eine diskriminierungskritische Sprachpraxis bereichern.

»Ich bin eine Frau ohne Menstruationshintergrund, aber mit Herzblut, in der Regel. Als trans Frau, Schwarze Person, queere Person und Person in ihrem 6. Jahrzehnt auf diesem Planeten ist Intersektionalität alles andere als abstrakt für mich«[119], eröffnete Michaela Dudley das Gespräch, als wir sie im Mai 2021 zu einer öffentlichen Diskussionsveranstaltung über Sprache und Rassismus einluden.

Diskriminierungskritische Sprache *kann* witzig sein. Aber Humor ist subjektiv und kontextbedingt, und nicht alle werden Dudleys Wortspiele humorvoll finden. Was Menschen für lustig halten, ist ein Ausdruck ihrer Zugehörigkeit zu einer Gemeinschaft, die gewisse Werte, Bezugsrahmen und Weltanschauungen teilt. Menschen, die sich für Gerechtigkeit einsetzen, wird oft vorgeworfen, sie seien humorlos oder Spaßverderber*innen. Doch es ist eher eine Frage der Art des Humors. Deshalb wollen wir in diesem Kapitel über die Gründe nachdenken, die Witze, Satire oder Komik problematisch oder schlicht und einfach nicht lustig machen, bevor wir auf das emanzipatorische Potenzial von Humor verweisen.

Wie Kommunikation generell lebt Humor nicht nur von Sprache, sondern auch von Mimik und Gestik, Kleidung oder Kostüm. Humor ist ein Spiel, an dem mehrere Menschen beteiligt sind und das sowohl den Körper als auch den Geist – also Vorstellungen und Überzeugungen – beansprucht. Ziel ist es, andere zum Lachen zu bringen. Damit ein Witz, eine scherzhafte Anekdote oder eine Pointe Lacher erzielt, wird zum Beispiel mit Übertreibung oder Überraschung gearbeitet, eine Grundvoraussetzung ist dabei geteiltes Wissen oder eine ähnliche Weltanschauung. Welche Witze Menschen erzählen oder worüber sie lachen, verrät dementsprechend einiges über ihre Ideale und Werte, und zusammen zu lachen kann das Gemeinschaftsgefühl innerhalb einer Gruppe stärken. Die Kehrseite ist, dass das Lachen diejenigen ausgrenzt, die nicht mitlachen, die also nicht zur Community gehören und nicht dieselben Werte teilen: »Das Lachen über Außenstehende stärkt die Bindungen innerhalb der Gruppe.«[120] Wenn Zuhörende nicht über einen Witz lachen, vertreten sie wahrscheinlich andere Werte oder wurden in einem anderen Kontext sozialisiert. Im schlimmsten Fall sind sie Zielscheibe des Witzes, und es wird über sie gelacht. Humor kann neben einer gemeinschaftlichen auch eine trennende

Wirkung haben. Für bestimmte Personen ist dann überhaupt kein Spaß im Spiel.

Blackfacing, wie es in sogenannten Minstrel Shows in den USA Ende des 19. Jahrhunderts praktiziert wurde, empfanden große Teile des *weißen* Publikums damals als humorvoll. Aber Blackfacing ist eine rassistische Praxis. Die Minstrel Shows bestanden aus Sketchen, Varieténummern, Tanz- und Musikdarbietungen, in denen *weiße* Schauspieler*innen Schwarze Menschen darstellten. Dafür schminkten die Schauspieler*innen sich ihre Gesichter mit Kohlestiften schwarz, malten sich große rote Lippen und trugen Afroperücken, um dann jedes noch so weit hergeholte Vorurteil über Schwarze Menschen auf übertriebene Weise zu inszenieren, was viele *weiße* Zuschauer*innen komisch und unterhaltsam fanden. Diese Shows, die *weiße* Menschen als Humor bezeichneten, verfestigten in den USA die kolonialrassistischen Verhältnisse, in denen *weiße* Menschen Schwarze Menschen ausbeuteten und unterdrückten. Eigentlich waren sie ein Ausdruck der Macht der Mächtigen auf Kosten der Entmächtigten. Dieses Beispiel zeigt, dass nichts, was Diskriminierung reproduziert und aufrechterhält, lustig ist. Und um etwas, das als Humor bezeichnet wird, als schädliches Machtinstrument zu entlarven, ist Wissen über Diskriminierung eine Grundvoraussetzung, weil sie sonst von Nichtbetroffenen in einem humoresken Setting eventuell gar nicht zu erkennen wäre.

Fehlendes Wissen erklärt vielleicht, warum auch heutzutage noch mithilfe von Blackfacing ein *weißes* Überlegenheitsgefühl fortgeschrieben wird. Die Minstrel Shows gibt es mittlerweile nicht mehr, aber Blackfacing ist ein wiederkehrendes Element im deutschen Karneval oder bei Krippenspielen und ein etablierter Teil der niederländischen Sinterklaas-Umzüge, die jedes Jahr im Dezember stattfinden. In diesen Fällen wird zwar nicht von Humor gesprochen – die rassistische Praxis wird aber regelmäßig damit verteidigt, dass es sich ja nur um Spaß handele und außerdem Tradition sei. Da diese Art »Spaß« Überlegenheit ausdrückt und ausschließend ist, gibt es konsequenten Widerstand gegen das Blackfacing. Das Wort Blackfacing wurde 2014 in Deutschland sogar zum Anglizismus des Jahres gekürt[121], denn die Jury aus Sprachwissenschaftler*innen hielt es für notwendig, dass Debatten über Blackfacing geführt werden, weshalb der Begriff mit ihrer Wahl eingedeutscht wurde.

Blackfacing ist nicht lustig. Genauso wenig sind viele andere Praktiken und Witze zum Lachen, die auf problematischen Machtverhältnissen beruhen und mit denen sich die deutsche Gesellschaft noch auseinandersetzen muss. Nur wird leider manchmal der Hinweis auf ein Problem als das Problem selbst (miss)verstanden, erklärt die queere Feministin of Color Sara Ahmed.[122] Wenn eine Person darauf hinweist, dass etwas nicht lustig sei, wird diese Person oft als humorlos bezeichnet. Der Person wird vorgeworfen, schlechte Stimmung zu verbreiten, während die anderen nur ein bisschen Spaß haben wollten. Ahmed nutzt die Figur der feministischen Killjoy – der Spaßverderberin – auf wirksame Weise, um einen Umgang mit dieser Problematik zu finden.

Die australisch-britische Wissenschaftlerin schreibt den provokativen *Feminist-Killjoy*-Blog, nutzt *Feminist Killjoy* als ihren Twitter-Namen und hat der Thematik bereits zwei Bücher gewidmet.

Der Spaßverderberin wird zugeschrieben, die fröhliche Atmosphäre zu ruinieren. Ahmed sagt, dass die Spaßverderberin jedoch eigentlich Probleme entlarvt und sie durch ihre Weigerung, mitzuspielen, an die Oberfläche bringt. Sie stört die Vorstellung der Mehrheit, dass alles in Ordnung sei. Aber sie ist nicht verantwortlich für das Problem oder die schlechten Gefühle, sondern sie legt sie frei.[123] Ahmed spricht sich für den Spaß aus, der im Spaßverderben zu finden sein kann.[124] Der Vorwurf der Humorlosigkeit ist ihr zufolge etwas, dem Menschen sich hingeben können, wenn sie merken, dass sie gar nicht an jedem Lachen teilhaben möchten. Die Erkenntnis, Humor nicht um jeden Preis zu priorisieren, kann sich wie eine Selbstermächtigung anfühlen.

Aber keineswegs ist jeglicher Humor unvereinbar mit emanzipatorischen Zielen. In vielen Fällen ist sogar genau das Gegenteil der Fall. Humor und Ironie sind zentrale Elemente vieler diskriminierungskritischer Praktiken, insbesondere in Formen der Satire, die es weniger Mächtigen ermöglichen, die Positionen der Mächtigeren zu untergraben.

Ein Beispiel dafür ist Greta Thunbergs Twitter-Präsenz. Als der damalige US-Präsident Donald Trump kritisierte, dass die Klimaaktivistin an ihren Problemen mit Aggressionsbewältigung arbeiten und mehr »chillen« müsse, reagierte Thunberg, indem sie ihre Twitter-Biografie aktualisierte und sich dort als Teenagerin beschrieb, die an ihrem »anger management« arbeite und versuche, zu chillen. Sie ging ähnlich vor, als der russische Präsident Wladimir Putin sie als nette, aber schlecht informierte Teenagerin bezeichnete. Und als der berüchtigte Frauenhasser und frühere Kickboxer Andrew Tate Thunberg Ende 2022 per Twitter über die Emissionen seiner 33 Autos informierte, antwortete Thunberg: »Bitte klär mich auf, schreib mir eine E-Mail an smalldickenergy@getalife.com.«[125] Thunberg wurde weltweit für ihre Schlagfertigkeit gefeiert, und ihr Tweet hat seitdem 3,8 Millionen Likes erhalten. Zusätzlich führte der Austausch kurzzeitig zu einer Änderung in Tates Wikipedia-Eintrag: Seine Kickbox-Bilanz wurde durch eine Niederlage gegen die schwedische Gegnerin Thunberg ergänzt.[126]

Humor ist oft ambivalent, vor allem in Kontexten ungleicher Machtverteilung. Humorvolle Satire kann gegebene Machtverhältnisse infrage stellen oder offenlegen, wie absurd sie sind – zum Beispiel, dass zwei Staatschefs sich die Zeit nehmen, eine Teenagerin zu beleidigen, statt sich ernsthaft mit einer klimagerechten Politikgestaltung zu beschäftigen. Andererseits können Witze manchmal dazu beitragen, dass alles beim Alten bleibt, indem sie Spannungen und Aggressionen abbauen, und in manchen Situationen verhindern, dass es zu einem Bruch der bestehenden Verhältnisse kommt.[127] In der DDR gab es beispielsweise staatlich genehmigte Satire im Kabarett. Hier wurde sich über die Mangelwirtschaft lustig gemacht, was als Ventil für den Frust der Bevölkerung dienen sollte. Dem Deutschen Kabarettarchiv zufolge konnte so das sich »aus dem Unterschied zwischen propagiertem Ideal und der real-sozialistischen Wirklichkeit stetig wachsende ›überschüssige Bewusstsein‹ in der Bevölkerung ein Stück abgebaut und in Grenzen gehalten werden«[128].

Ebenso ambivalent kann Humor sein, der beinhaltet, über abwertende Pointen zu lachen, der aber zum Selbstschutz eingesetzt wird. Wenn diskriminierte Menschen eine Art von Humor nutzen, der sich in gewisser Weise gegen sie selbst richtet, kann dies kommunizieren, dass sie die normative Weltanschauung und etablierten Werte eines bestimmten Kontextes verstanden haben. Als Netflix 2018 Hannah Gadsbys Show *Nanette* veröffentlichte, erlangte die australische Komödiantin weltweite Bekanntheit, indem sie genau auf dieses Problem aufmerksam machte. In der mehrfach preisgekrönten Comedyshow spricht Gadsby verschiedene Formen heteropatriarchaler Gewalt an – und schafft es, dies mit leichter Hand zu tun. Dass Gadsby wiederholt darauf hinweist, sie müsse mit ihrer bisherigen Art von Comedy aufhören, macht ihre Show zu etwas Besonderem. Sie erklärt, dass sie, die als Lesbe extrem schmerzhafte Erfahrungen von Ausschluss und Abwertung gemacht hat, bisher in ihren Witzen vor allem mit Selbstabwertung gearbeitet habe: »I put myself down in order to speak, in order to seek permission to speak.«[129] (»Ich habe mich selbst schlechtgemacht, um die Erlaubnis zu bekommen, zu sprechen.«) Sich selbst dem Verständnis der Mehrheitsgesellschaft entsprechend lächerlich zu machen schien für den Moment auf der Bühne zu einer fragilen Akzeptanz zu führen. Doch nun führt Gadsby ihrem Publikum vor, wie perfide diese Art von Comedy war: Sie macht zwar weiterhin Witze und Pointen, scheint aber bewusst dafür zu sorgen, dass ihrem Publikum das Lachen immer wieder im Hals stecken bleibt, indem sie ihre Geschichten weiter ausschmückt, damit ihr Schmerz kein Witz bleibt, sondern als solcher nachvollziehbar wird. Gadsby erklärt: »Laughter is not our medicine, stories hold our cure. Laughter is just the honey that sweetens the bitter medicine.« (»Lachen ist nicht unsere Medizin. Geschichten sind unser Heilmittel. Lachen ist nur der Honig, der die bittere Medizin süßt.«)

Blackfacing im Kontext der Minstrel Shows des 19. Jahrhunderts ist ein Beispiel für Humor, der nach unten tritt. Greta Thunbergs Twitter-Antworten hingegen treten nach oben, indem sie den impliziten Sexismus ihrer deutlich mächtigeren Gesprächspartner bloßstellen. Hannah Gadsby hat, obwohl sie zur getretenen Gruppe gehört, zunächst Witze gemacht, die diese und sie selbst treffen. Mit ihrer Show *Nanette* zeigt sie aber, dass Humor auch zur Entlarvung von Diskriminierung eingesetzt werden kann und bittere Wahrheiten sichtbar und (vielleicht leichter) verdaulich macht. Wenn dieser Humor überhaupt tritt, dann ebenfalls nach oben.

Was Menschen komisch finden, verändert sich im Laufe des Lebens und mit einer sich wandelnden Gesellschaft – das können alle bezeugen, die nach Jahren noch einmal alte Filme oder Serien anschauen. Kinder lachen nicht nur viel mehr als Erwachsene, sie finden auch Dinge lustig, die Erwachsene für zu durchschaubar, langweilig oder eben kindisch halten. Wie Humor sich verändert, wird in der Regel vom direkten Umfeld oder den Medien (Büchern, Filmen etc.), die Menschen konsumieren, geprägt. Und Menschen können Humor auch bewusst verändern, sich zum Beispiel bewusst für Komödiant*innen oder Autor*innen entscheiden, die anders positioniert sind als sie selbst, um ihre Perspektive zu erweitern.

Sich bewusster für oder gegen bestimmte Begrifflichkeiten und Witze zu entscheiden kann ein Schritt in die Richtung sein, Diskriminierung zu verringern. Leiten lassen können sich diejenigen, die dieses Ziel verfolgen, von folgenden Fragen: Wer lacht über wen? Was wird mit dem Humor bezweckt? Dient er dazu, Diskriminierung zu entlarven oder zu vergrößern? Wird nach oben getreten oder nach unten? Oder kommt der Witz auch ohne Treten aus? Sich zu bemühen, Diskriminierung in Humor zu erkennen, ist keineswegs ein Argument für Humorlosigkeit, sondern für eine kritische Neubewertung der Frage, wer unter welchen Bedingungen über wen lacht.

Wenn der gesellschaftliche Status quo auf eine Weise thematisiert wird, die die Mitglieder dieser Gesellschaft zum Lachen bringt, können sie möglicherweise einige Absurditäten besser erkennen. Humor kann also aufzeigen, was an einer etablierten Vorgehensweise problematisch ist, und das, was zur Norm geworden ist, entnormalisieren. Sprache kann dabei eine wichtige Rolle spielen. Neologismen wie das Englische »mansplaining«

oder das nicht ganz so etablierte »herrklären« geben einem Phänomen einen Namen, das die meisten als weiblich gelesenen Personen kennen, das aber lange nicht benennbar war. Die US-amerikanische Schriftstellerin Rebecca Solnit beschreibt in ihrem 2014 erschienenen Essay *Wenn Männer mir die Welt erklären* eine Situation, in der ein Mann sie immer wieder unterbricht, um ihr zu erklären, sie müsse ein bestimmtes Buch lesen. Es stellt sich heraus, dass Solnit selbst die Autorin dieses Buches ist und der Mann es gar nicht gelesen hat. Obwohl Solnit das Wort »mansplaining« nicht verwendet, wird der Begriff oft auf diesen Text zurückgeführt.[130] Ein Wort für dieses Phänomen zu haben macht es leichter, das Lächerliche in Situationen wie der beschriebenen zu erkennen. Humor und Sprachwandel können gemeinsam genutzt werden, um zu zeigen, was sich ändern muss, und um Strategien zu entwickeln, die diese Veränderungen herbeiführen.

14 MONOLINGUALISM IS DEAD

Macht Sprache 14:
Ideen gehen auf Reisen. Manchmal gibt es für die dazugehörigen Begrifflichkeiten im neuen sprachlichen Kontext sofort eine passende Übersetzung. In anderen Fällen ist in einem diskriminierungskritischen Sprachgebrauch ein Wort aus einer anderen Sprache zumindest vorübergehend die beste Option. Dann sollte immer gefragt werden, wie sich Begriffe »auf Reisen« entwickeln und welche Konsequenzen das hat.

2017 erregte CDU-Politiker Jens Spahn die Gemüter, weil er in einem Interview sagte, er sei genervt von den Cafés in Berlin, in denen nur Englisch gesprochen werden würde. Es gibt tatsächlich einige Bubbles – in Bars in Großstädten, in den sozialen Medien –, in denen Englisch allgegenwärtig scheint. Spahns Meinung nach sollten in Deutschland aber alle Deutsch sprechen. Gegenreaktionen gibt es keineswegs nur im Zusammenhang mit Englisch. Es ist nicht ungewöhnlich, dass Menschen, die in der Öffentlichkeit auf Arabisch, Persisch oder Türkisch telefonieren, mit »Hier spricht man Deutsch« oder Ähnlichem beschimpft werden.[131] Auch in den Medien gibt es immer wieder Diskussionen um eine Deutschpflicht, zum Beispiel auf dem Schulhof, damit alle Kinder bessere Deutschkenntnisse erwerben.

Die Idee, dass in einem Land ausschließlich eine Sprache gesprochen werden sollte, entspringt der Zeit, in der sich in Europa die ersten Nationalstaaten bildeten. Eine einheitliche Sprache sollte das Gemeinschaftsgefühl in diesen jungen Nationen fördern und als Code dienen, der die Bevölkerung verbindet. Einsprachigkeit vereinfachte die Verständigung, was besonders wichtig für das Formulieren von Gesetzen und Grenzen war. Unter anderem deshalb wird auch heute noch von Zuwandernden erwartet, dass sie Deutsch lernen. Wer die deutsche Staatsbürgerschaft erhalten möchte, muss Deutschkenntnisse nachweisen. In ihrem Buch *Die Macht der Mehrsprachigkeit* erklärt Olga Grjasnowa, dass das Konstrukt der Einsprachigkeit immer noch Teil der deutschen Leitkultur sei – Deutsch sei also die Leitsprache und stehe in der Hierarchie ganz oben.[132] In diesem Sinne ist die deutsche Sprache eines der Instrumente, mit denen eine Gesellschaft neu Angekommenen sagt: Passt euch an uns an. Grjasnowa führt aus, dass die Norm der Einsprachigkeit historisch gewachsen und tief im mehrheitsgesellschaftlichen Verständnis verankert sei.[133] Diese Norm führt in Deutschland zu Ausschlüssen und struktureller Benachteiligung.

Doch obwohl viele laute Stimmen und Regelungen die Einsprachigkeit in Deutschland weiterhin hochhalten, hat sich die Situation seit der Zeit der Nationenbildung im 19. Jahrhundert gewandelt. Die übliche Sprachpraxis ist heutzutage sehr vielfältig: Weltweite wirtschaftliche Verflechtungen, politisch-räumliche Neukonfigurationen, zunehmende Mobilität und Migration und auch das

Internet führen dazu, dass Mehrsprachigkeit in großen Teilen der Gesellschaft ein Alltagsphänomen geworden ist.[134] Die essenzialistische Perspektive, die Sprache, Identität und Zugehörigkeit verknüpft und als statisch betrachtet, ist zwar noch eine gewohnte und verbreitete Denkweise, aber sie entspricht nicht mehr der Realität (wenn sie es denn überhaupt je tat). Gewohnheiten vollständig hinter sich zu lassen oder sich an neue Umstände anzupassen fällt nicht immer leicht. Aber zu einer diskriminierungskritischen Sprachpraxis gehört Veränderung.

Wie die Beispiele der rein englischsprachigen Cafés und der beschimpften Arabisch sprechenden Telefonierenden bereits angedeutet haben, zeigt sich die deutsche Mehrheitsgesellschaft für einige Sprachen offener als für andere. Verschiedene Sprachen werden unterschiedlich bewertet. Englischsprachige »Expats« (Menschen, die für eine gewisse Zeit im Ausland arbeiten) in Berlin erleben zwar manchmal, dass Leute wie Jens Spahn die Augen verdrehen, aber Englisch ist neben Deutsch dennoch weitaus akzeptierter als zum Beispiel Türkisch oder Arabisch.[135] Denjenigen, die statt als »Expats« als »Migrant*innen« oder »Geflüchtete« bezeichnet werden, schlägt deutlich mehr Unverständnis entgegen. Hier zeigt sich, dass das Thema Sprache zu einer Stellvertreterdebatte für Race und Klasse wird.[136] Englisch wird eher mit den sogenannten Expats sowie mit Weißsein und genügend finanziellen Mitteln, um nach Lust und Laune um die Welt zu reisen, verbunden. Auch wenn Englisch in vielen afrikanischen und asiatischen Ländern offizielle Landessprache ist, wird es von einem Großteil der Deutschen zunächst mit den USA oder Großbritannien verbunden; Regionen, die als mehrheitlich *weiß* und wohlhabend gelten. Türkisch, Arabisch, Farsi, Urdu, Xhosa, Somali, Lingala und so weiter rufen hingegen eher eine Assoziation mit Migration oder Flucht hervor. Sie werden mit nicht *weißen* Menschen in Verbindung gebracht und mit Menschen, die wenig Geld haben. Dementsprechend werden diejenigen, die diese Sprachen sprechen, oft abgewertet.

Fakt ist, dass all diese Sprachen in Deutschland gesprochen werden und Sprachen ineinander übergehen. Sprachliche »Reinheit« ist eine rechte Idee, der die Annahme zugrunde liegt, es würde nur einen korrekten Code geben, der mit einem authentischen »Volk« verbunden ist.[137] Diese machtvolle und einflussreiche Überzeugung klammert aus, dass Sprachen bereits eng miteinander verwoben sind. Bei einigen Wörtern fällt es überhaupt nicht mehr auf, dass sie eigentlich anderen Sprachen entspringen – »Kaffee« und »Kiosk« sind Lehnwörter aus dem Türkischen, »Ganove« oder »Schlamassel« kommen aus dem Jiddischen –, so selbstverständlich werden sie im Deutschen verwendet. Aktuell nimmt das Englische aber auch an dieser Stelle besonders großen Einfluss. Unzählige englische Begriffe prägen die öffentlichen Diskurse in Deutschland – Diskurse rund um Diskriminierung vielleicht sogar besonders stark. Auf Social-Media-Plattformen scheint Englisch allgegenwärtig zu sein, aber es finden sich auch immer häufiger englische Begriffe in auflagenstarken Zeitungen oder Sachbüchern. Der Kolonialismus und die Globalisierung haben Englisch zur globalen Lingua franca gemacht. Da Englisch so dominant ist, aber gleichzeitig in der Kritik steht, lohnt sich ein genauerer Blick auf den Einfluss dieser Sprache.

Im Vergleich zum Deutschen wird die englische Sprache oft als Vorreiterin in Diskursen rund um Diskriminierung verstanden, als fortschrittlicher oder inhärent progressiver – wir haben schon in früheren Kapiteln erwähnt, dass Ausdrücke wie »queer« oder »Person of Color« in bestimmten deutschsprachigen Kreisen ganz selbstverständlich verwendet werden, unter anderem als Selbstbezeichnung. Doch die Perspektive, Englisch sei automatisch diskriminierungskritischer, ist verkürzt. Auch in englischsprachigen Begriffen sind Diskriminierungen enthalten, vor allem, weil Englisch zu den wichtigsten Kolonialsprachen gehört. Im britischen Imperialismus war die englische Sprache ein Schlüsselelement in der gewaltsamen Eroberung großer Teile der Welt (siehe Kapitel 3, »Macht«). Auch wenn im Englischen zum Beispiel die meisten Substantive grammatikalisch genderneutral sind – »teacher« kann Lehrer, Lehrerin, Lehrer*in oder Lehrperson bedeuten –, heißt das noch lange nicht, dass die Sprache diskriminierungsfrei wäre. Patriarchale Strukturen finden sich beispielsweise in Begriffen wie »craftsmanship« oder »seminal«: »Craftsmanship« bedeutet »Handwerkskunst« und beinhaltet einen »man«, Mann. »Seminal« kann als »bahnbrechend« oder »einflussreich« übersetzt werden und leitet sich von »semen«, also von Sperma, ab. Die Männerzentrierung ist im Englischen schlicht weniger explizit als im Deutschen.

Gegen den Import englischer Wörter ins Deutsche wird manchmal argumentiert, dass dies einen hohen Bildungsgrad voraussetzen würde. Die Verwendung englischer Begriffe kann elitär und ausgrenzend wirken und als ob eine gewisse Klassenzugehörigkeit vorausgesetzt würde. Dazu kommen weitere Aspekte wie Alter und Wohnort. Sprachkompetenz in Englisch ist unter jüngeren Menschen üblicher (das erklärt auch die Dominanz auf Social Media) und in der Metropole gängiger als in ländlichen Regionen (daher die Alltäglichkeit in Berlin). Das sind wichtige Argumente gegen die Verwendung des Englischen. Nicht alle Menschen können Englisch, nicht allen fällt es leicht, Englisch in ihren Sprachgebrauch zu integrieren und richtig zu verstehen. Hier besteht die Gefahr, dass diejenigen, die sich für diskriminierungskritische Sprache einsetzen, herablassend sein oder wirken können. Aber ein intersektionaler Ansatz gegen vielfältige Formen von Diskriminierung verlangt, auch Klassismus, Altersdiskriminierung und so weiter ernst zu nehmen und mitzudenken. Auch diejenigen, die aktuell viel Wissen zu einem Thema haben, hatten das nicht immer schon. Alle Menschen können dazulernen. Aber Grundvoraussetzung ist eine generelle Bereitschaft, zu lernen.

Das Problem bei der Verwendung von englischen Begriffen ist jedoch nicht unbedingt die Sprache an sich. In anderen Bereichen, die nicht mit Diskriminierungskritik zu tun haben, scheint es nämlich oft weniger Widerstand gegen englische Begriffe zu geben: »Computer«,

»E-Mail« oder »Smartphone« sind selbstverständlich Teil des deutschen Sprachgebrauchs. 2020 kürten Sprachwissenschaftler*innen »Lockdown« zum Anglizismus des Jahres, da dieser Begriff besonders schnell ins Deutsche integriert wurde, dicht gefolgt von »Homeoffice«, »Homeschooling« und »Superspreader«.[138] Neue Technologien und die Corona-Pandemie sind oder waren zumindest zeitweise allgegenwärtig. Diese Beispiele zeigen, dass Menschen durchaus in der Lage sind, schnell neue Begriffe zu lernen. In Bezug auf Diskriminierung wäre ein Dazulernen also auch möglich. Dafür ist es hilfreich, wenn Lernmöglichkeiten und Informationsmaterialien niedrigschwellig zugänglich sind – was in Zeiten des Internets deutlich leichter geworden ist. Es gibt zum Beispiel diverse Kanäle auf Instagram, die kostenfreie Aufklärungsarbeit leisten, und unzählige Bücher, von denen zumindest einige in städtischen Bibliotheken ausgeliehen werden können. Wer bereit ist, sich auf Neues einzulassen, gelangt über viele Wege ans Ziel. Ein diskriminierungskritischer Sprachgebrauch bedarf einer Herangehensweise, die Pluralität und Hybridität unterstützt und gleichzeitig ein wachsames Auge auf die ungleichen Machtverhältnisse hat, die zwischen verschiedenen Sprachen und ihren Sprecher*innen bestehen.

Das muss nicht heißen, dass es immer und flächendeckend eine gute Sache ist, wenn Begriffe von einer Sprache in eine andere übergehen. Ein Beispiel: Der Begriff »woke« stammt aus dem afroamerikanischen Englisch und war bereits in den 1930er-Jahren im Slogan »Stay woke« als widerständiger Kampfruf für die antirassistische Bewegung verbreitet. Er bedeutete so viel wie »Sei wachsam« und bezog sich konkret auf Rassismus. Während der Begriff »woke« in den letzten Jahren in Deutschland von einer rechtskonservativen Rhetorik vereinnahmt wurde und zunehmend zweifelhaft besetzt ist, gibt es im US-englischsprachigen Raum immer noch Menschen, für die er die Spuren seiner ursprünglichen Werte trägt. In der deutschen Mainstream-Diskussionskultur ist er dagegen fast ausschließlich durch seine Bewaffnung durch rechte Stimmen gekennzeichnet, sodass er kaum mehr als eine bedeutungslose »Worthülse« ist, in die jede unseriöse Meinung, die diskreditiert werden soll, gegossen werden kann.[139] Der Weg, den dieser Begriff zurückgelegt hat, um in Deutschland anzukommen, hat dazu geführt, dass er letztendlich für gegenteilige politische Zwecke entfremdet wurde.

Nicht nur einzelne Begriffe gehen auf Reisen. In Kapitel 3, »Macht«, haben wir beschrieben, wie Europäer*innen während des Kolonialismus gewaltsam ihre Sprachen und ihr Wissen exportierten und anderen aufzwangen. Aber Ideen aus anderen Kontexten können Menschen in anderen Konstellationen auch helfen, sich den Zwängen der eigenen intellektuellen Umgebung zu entziehen.[XXIII] Denkweisen aus anderen Teilen der Welt

---

XXIII Im wissenschaftlichen Kontext beschrieb der palästinensisch-amerikanische postkoloniale Kritiker Edward Said dieses Phänomen in seinem berühmten Essay *Traveling Theory*. In diesem Text ging es ihm um die Art und Weise, wie sich Theorien in verschiedene Kontexte bewegen. Said schreibt: »borrow we

können bereichernd sein, aber ein neuer Kontext kann ursprüngliche Ideen verändern, und es ist unbedingt notwendig, auf die Auswirkungen dieser Veränderungen zu achten. Andernfalls besteht die Gefahr, dass bei der Übernahme einiger Theorien, Konzepte oder Begriffe außerhalb ihres Ursprungskontextes angenommen wird, dass sie dort eins zu eins das Gleiche bedeuten. Das ist keineswegs der Fall.

Die kritische Weißseinsforschung ist ein akademisches Feld, das sich mit strukturellen Fragen des Weißseins (zum Beispiel Systemen des *weißen* Privilegs) auseinandersetzt. Die deutsche kritische Weißseinsforschung wurde stark von den USA inspiriert. Doch die Herausgeberinnen des Sammelbandes *Mythen, Masken und Subjekte: Kritische Weißseinsforschung in Deutschland* argumentieren dafür, mit deutschsprachigen Begrifflichkeiten zu arbeiten. Damit drücken Maureen Maisha Eggers, Grada Kilomba, Peggy Piesche und Susan Arndt ihre Sensibilität für die Reise und die kontextspezifische Ausprägung der Ideen dieses Forschungsgebiets aus. In ihrem Sammelband, der inzwischen als Standardwerk der deutschsprachigen kritischen Weißseinsforschung gilt, erklären sie, warum das wichtig ist: Nur so können die spezifisch deutschen historischen Zusammenhänge berücksichtigt werden. Hier ist es notwendig, verschiedene Diskurse in Bezug auf Antisemitismus und Rassis-

---

certainly must if we are to elude the constraints of our immediate intellectual environment« (Edward Said: *The World, the Text, and the Critic.* Cambridge 1983, S. 241).

mus, Nationalsozialismus und Kolonialismus zu betrachten und in Bezug zueinander zu stellen.[140]

Nichtdestotrotz sind einige Begriffe so kontextspezifisch, dass es aktuell noch keine passenden deutschen Äquivalente zu geben scheint. Bei »race« handelt es sich um einen solchen Begriff. Für das Englische »race« wird im Deutschen häufig noch das Wort »Rasse« verwendet. So steht es auch im Grundgesetz. Aber wenn »race« und »Rasse« gleichgesetzt werden, handelt es sich im Deutschen um einen Begriff, mit dem Hunde und andere Tiere in ihrer Art unterschieden werden. Im Englischen gibt es dafür einen weiteren Begriff, »breed«, der als Gattungsbeschreibung für Tiere und nicht für Menschen gilt.

Grund dafür, dass »race« und »Rasse« einfach nicht gleichzusetzen sind, ist unter anderem, dass hinter diesen zwei Begriffen deutlich unterschiedliche Diskurse stehen. Im Deutschen wird der Begriff »Rasse« nach wie vor mit etwas Biologischem verbunden, als würde es Menschenrassen tatsächlich geben. Das hängt mit der pseudowissenschaftlichen Rassenforschung während der Zeit des Kolonialismus und Nationalsozialismus zusammen, auf die wir in Kapitel 3 bereits ausführlicher eingegangen sind. Kurz gesagt handelte es sich bei der Rassenforschung um eine Pseudowissenschaft, die darauf abzielte, verschiedene Menschentypen zu kategorisieren, um so die Erstellung einer Hierarchie zwischen ihnen zu ermöglichen. Dies wiederum lieferte eine rationale Rechtfertigung dafür, sie unterschiedlich zu behandeln. Die Konstruktion solcher »Rassen« war also wesentlicher Bestandteil der Erfindung des Rassismus.

Da es Rassismus gibt, werden Begrifflichkeiten benötigt, die diese gelebte Realität thematisierbar machen. Maureen Maisha Eggers, Grada Kilomba, Peggy Piesche und Susan Arndt gehen in ihrem Sammelband wie folgt vor: »In Bezug auf den Begriff der *Rasse* haben sich die Herausgeberinnen für den Modus entschieden, ›Rasse‹ in Anführungszeichen zu schreiben, sobald die biologistische Konstruktion ›Rasse‹ gemeint ist und *Rasse* in Kursivschreibung zu verwenden, wann immer auf die Wissens- und kritische Analysekategorie rekurriert wird.«[141] Das Buch erschien erstmals im Jahr 2005. Seitdem wurde die Debatte über den Begriff weitergeführt, und zahlreiche Menschen nutzen mittlerweile das englische Race großgeschrieben auch im Deutschen – auch wir haben uns in diesem Buch für diese Variante entschieden. Der Begriff dient dazu, gesellschaftliche Phänomene zu beschreiben und zu analysieren, die menschengemacht sind und von Institutionen aufrechterhalten werden. Sicherlich können wir in den nächsten Jahren mit weiteren Begriffsvorschlägen und Veränderungen rechnen.

Die Autorin Sharon Dodua Otoo, die aktives Vereinsmitglied der Initiative Schwarze Menschen in Deutschland ist, schlägt mit »Rassifizierung« eine mögliche Alternative vor. Als Substantiv vom Verb »rassifizieren« abgeleitet, stellt dieser Begriff die Handlungen, die solche Identitäten konstruieren, in den Vordergrund. Rassifizierung scheint damit ein nützlicher Gegenentwurf zu »Rasse« zu sein, bei dem immer noch die Idee angeborener Wesensunterschiede mitschwingt. Otoo sagt: »Mit diesem Begriff ließe sich ein Unrecht wiedergutmachen. Der Begriff rückt gewisse Handlungen in den Mittelpunkt des Diskurses über die Bekämpfung der Diskriminierung in all ihren Formen. Wessen Handlungen? Derer, die an der Rassifizierung anderer Menschen beteiligt waren – entweder durch die Entwicklung von Rassentheorien, durch die Einordnung von Menschen in unterschiedliche Kategorien, durch die Beteiligung an Genoziden oder weil sie all dies schweigend hingenommen haben.«[142] Andererseits könnte dieser Begriff in gewissen Kontexten vielleicht akademisch wirken. Wie wir in den Kapiteln 10 und 11 vorschlagen, müssten solche Überlegungen je nach den genauen Umständen ebenfalls einberechnet werden.

In manchen Fällen kann es also sinnvoll sein, sich (vorübergehend) Begriffe aus dem Englischen oder einer anderen Sprache auszuleihen. Damit solche Verwendungen nicht ausschließend werden, ist es hilfreich, sich über die Gesprächspartner*innen oder die Zielgruppe Gedanken zu machen. Im Umgang miteinander haben Menschen meistens mehrere Optionen: Je nach Kontext können sie für ihre Begriffswahl auch eine Erklärung anbieten. Sie können aufmerksam zuhören. Wenn sie etwas nicht verstehen, können sie nachfragen, nachschlagen und dazulernen. So vermeiden Mitglieder einer Gesellschaft, Menschen ihre Lebensrealitäten und die Begriffe, die ein Sprechen darüber ermöglichen, in Abrede zu stellen. Sollten sie selbst besonders viel über ein Thema wissen, können sie Wege suchen, dieses Wissen konstruktiv zu teilen. Sie müssen niemanden dafür beschämen, (noch) nicht die gleiche Expertise zu besitzen.

15 VERSCHIEDENE SCHREIB- UND SPRECHWEISEN

Macht Sprache 15:

Varianz in Schreib- und Sprechweise ist eine Chance. Varianten können Raum geben, Platz machen, einschließen und kritische Distanz wahren. Verschiedene Schreib- und Sprechweisen sind nützliche und kreative Mittel für eine diskriminierungskritische Sprachpraxis.

Verschiedene Schreib- und Sprechweisen können für vielfältige Zwecke eingesetzt werden: um dominante Positionen zu hinterfragen, marginalisierte Positionen sichtbar zu machen, zur visuellen/sprachlichen Brechung, um Respekt auszudrücken, zur Selbstermächtigung und so weiter. In diesem Kapitel stellen wir unterschiedliche Strategien anhand von Beispielen vor. Letztendlich geht es aber nicht nur um einzelne Wörter, denn für eine diskriminierungskritische Sprache müssen gängige Standards generell hinterfragt werden. Deshalb kommen wir zum Schluss auch auf die strukturelle Ebene zu sprechen – auf die ausschließende und benachteiligende Wirkung von standardisierten Sprachvarianten und mögliche Alternativen.

Die bekanntesten und am häufigsten diskutierten alternativen Schreib- und Sprechweisen im deutschsprachigen Raum beziehen sich wahrscheinlich auf das Gendern. Menschen, die ein Buch verfassen, könnten genderinklusiv beispielsweise als Autor*innen, Autor_innen oder Autor:innen bezeichnet werden. Im Gegensatz zum veralteten Binnen-I, das in den 1980er-Jahren entwickelt wurde, um Männer und Frauen in einem Wort zu markieren, haben die drei Formen mit Sonderzeichen gemeinsam, dass sie Vorstellungen der vier offiziellen Genderkategorien (divers, kein Eintrag, weiblich und männlich in ihren weitesten Auslegungen) ermöglichen.[143] Das Sternchen strahlt in viele verschiedene Richtungen und soll daher eine Vielzahl von Gendervorstellungen beinhalten, auch Menschen, die sich nicht über Gender definieren. Beim Unterstrich, dem sogenannten Gender-Gap, wird symbolisch ein Raum für geschlechtliche Variationen geöffnet. Der jüngste Vorschlag ist der Doppelpunkt, der, obwohl er nur aus zwei Punkten besteht und daher in seiner Darstellung eher an Zweigeschlechtlichkeit erinnert, ebenfalls alle Genderkategorien beinhalten soll.

Inklusive Schreibweisen und Begrifflichkeiten sind in feministischen und queeren Kreisen oft Thema. Doch die Herangehensweisen unterscheiden sich, wie die Kulturwissenschaftlerin Juliane Löffler anhand einer Analyse von feministischen und queeren Publikationen zeigt: Das *Missy Magazin* und das Fanzine *Brav_a* veröffentlichen Glossare zur Sensibilisierung. Die *Siegessäule* hat bestimmte sprachliche Richtlinien für Beitragende. Der *Queerspiegel* verzichtet auf Richtlinien. Löffler folgert: »Es lassen sich also innerhalb aller Publikationen unterschiedliche sprachliche Strategien feststellen – etwas, das Warnecke [Redakteur beim *Queerspiegel*] als ›Binnenpluralität‹ bezeichnet. Queerness bedeutet für diese publizistische Entscheidung also, Offenheit, Vielfalt und sogar Widersprüche innerhalb einer Publikation zuzulassen – und spiegelt damit einen zentralen Parameter von Queerness.«[144] Das bedeutet, dass die verschiedenen genderinklusiven Varianten nebeneinander existieren können.

Schreibweisen mit Sternchen, Unterstrich oder Doppelpunkt bergen viel Potenzial für eine diskriminierungskritische Sprachpraxis, aber das befreit sie nicht von Kritik. In ihrem Praxishandbuch zu Gender und Sprache weisen Lann Hornscheidt und Ja'n Sammla darauf hin, dass genderinklusive Formen immer auch Weiblichkeit und Männlichkeit aufrufen und »alles andere« den Status eines »Sonder«zeichens bekommt.[145] Zudem erklärt der Blinden- und Sehbehindertenverband, dass alle drei Formen mit Sternchen, Unterstrich und Doppelpunkt für blinde und sehbeHinderte Menschen problematisch seien, unter anderem weil Vorleser*innen oder Screenreader die Zeichen mitvorlesen (also zum Beispiel »die Autor Sternchen Innen«) oder zu lange pausieren, sodass Texte schwer verständlich werden. Barriereärmer seien genderfreie Varianten wie »Team« oder »Mitarbeitende« statt »Mitarbeiter*innen«.[146] Die Kritik zeigt, dass sich eine Abwägung lohnt, ob für den jeweiligen Kontext genderinklusive oder genderfreie Formen am besten geeignet sind.

Bei bestimmten Begriffen stellt sich die Frage, ob es überhaupt notwendig ist, sie mit einem Unterstrich,

Sternchen oder Doppelpunkt als genderinklusiv zu kennzeichnen, »Gast« zum Beispiel. »Gast« ist eigentlich eine Neutralform – genau wie »Vormund« oder »Bedienung«. Trotzdem haben in den vergangenen Jahren so viele Menschen die Form »Gäst*innen« oder »Gästin« verwendet, dass der Online-Duden zumindest der weiblichen Variante einen Eintrag gewidmet hat, wenn auch mit dem Vermerk »selten«. Die Linguistin und Journalistin Lena Völkening nennt zwei mögliche Gründe dafür, warum auch Neutralformen nicht wirklich neutral sind: 1. Genderstereotypen – »die Bedienung im Restaurant« oder »die Pflegekraft im Krankenhaus« rufen bei vielen eher Assoziation mit einer Frau auf, »der Gast« und »der Vormund« hingegen mit Männern. Und 2. das grammatische Geschlecht – Maskulina wie »der Gast« verbinden viele Menschen eher mit Männern.[147] Daher überrascht das Bedürfnis nicht, auch bei Neutralformen verdeutlichen zu wollen, dass wirklich nicht nur Männer (oder Frauen), sondern alle möglichen Gendervorstellungen abgerufen werden sollen.

Die schriftliche Kommunikation eignet sich aus offensichtlichen Gründen besonders gut für präzise, wohlüberlegte Ausdrucksformen. In der gesprochenen Sprache sind Groß- und Kleinschreibung oder Kursivsetzungen schlicht nicht abbildbar. Dennoch gibt es auch Sprechweisen, die eine gerechtere Ausdrucksweise ermöglichen. Genderinklusive Varianten mit Sternchen, Doppelpunkt oder Unterstrich können mit dem Glottisschlag hörbar gemacht werden, ein stimmloser Verschlusslaut, der zwischen der maskulinen Form oder dem Wortstamm und der weiblichen Endung von Wörtern eingefügt wird. In der Regel wirkt er wie eine kurze Pause, so wie bei »Leserˀinnen«. Diese gesprochene Lücke existiert auch bei zusammengesetzten Wörtern wie »Spiegelei« oder »Kuckucksuhr«.[XXIV]

Wenn ein Schriftstück, das typografisch gekennzeichnete verletzende Sprache enthält, voraussichtlich laut vorgelesen werden soll – etwa in einem Vortrag, einem Grußwort, einem Workshop oder einer Diskussionsrunde –, dann kann in Erwägung gezogen werden, Hinweise für den Umgang damit in den Text mitaufzunehmen.[148]

Diese Beispiele zeigen, wie alternative Sprech- und Schreibweisen für die Sichtbarmachung und Stärkung bestimmter Gruppen eingesetzt werden können. Verletzende Sprache stellt eine andere Art von Herausforderung dar, die aber auch unterschiedliche diskriminierungskritische Herangehensweisen hervorgebracht hat.

In Berlin-Mitte gab es bis vor Kurzem dank zweier kleiner mit Permanentmarker gemalten Umlautpunkte eine Straße, die, statt einen rassistischen Begriff in ihrem Namen zu wiederholen, dem Anschein nach »Möhrenstraße« hieß. Wo vorher eine rassistische Geschichte implizit in die Stadtlandschaft eingeschrieben war, war durch diese kleine typografische Änderung eine Art sub-

---

XXIV Diese Minipause als genderinklusive Sprechweise wird auf die Linguistin Luise Pusch zurückgeführt. Sie sagt aber selbst in einem Interview mit der Plattform *genderleicht.de*, dass sie sich nicht erinnern kann, die Idee irgendwo aufgeschrieben zu haben: https://www.genderleicht.de/luise-f-pusch-und-der-genderstern/

versiver Widerstand zu spüren. Vielleicht merkten Passant*innen nichts und dachten, die Straße sei nach Karotten benannt, oder es fiel ihnen auf und sie wurden zu einer kritischen Reflexion angeregt.

Tatsächlich gibt es in Deutschland noch überall Lebensmittel, Lieder, Apotheken, Cafés oder Straßennamen, die dieses rassistische Wort beinhalten. In Berlin wurde die Umbenennung der oben genannten Straße erst vor Kurzem beschlossen, umgesetzt allerdings noch nicht. Aktivist*innen haben sich jahrelang für diese Veränderung engagiert und sich immer wieder kritische Interventionen ausgedacht. In Anlehnung an das N-Wort wird der Begriff ohne ö häufig als M-Wort abgekürzt. Deshalb sprechen auch viele von der M-Straße in Berlin.

Der betreffende Begriff ist ausgeschrieben noch weit verbreitet in Deutschland, tatsächlich handelt es sich um das älteste deutsche Wort für Schwarze Menschen. Zahlreiche Wissenschaftler*innen sind sich einig, dass das Wort seinen Ursprung beim griechischen »mavros« hat, übersetzt »dunkel«. Manche führen das Wort auch auf das griechische »moros« zurück, was so viel heißt wie »naiv« oder »dumm«.[149] Klar ist, dass *weiße* Menschen das ausgeschriebene M-Wort einführten und benutzten. Auf diese Weise grenzten sich *weiße* Menschen schon vor Hunderten von Jahren von Schwarzen Menschen ab. Sie schrieben ihnen ein Anderssein zu. Um diese rassistische Denkweise nicht fortzuführen, ändern einige heute die Schreibweise, wenn sie nicht um die Verwendung des Wortes herumkommen – was gerade bei einem Straßennamen kaum vermeidbar ist, besonders für Anwohner*innen. Menschen nutzen Humor (»Möhrenstraße«) oder eine Abkürzung (»M-Wort«), um den rassistischen Gehalt des Wortes abzumildern. Doch im konkreten Bezug auf das M-Wort kann eine veränderte Schreibweise nur eine Übergangslösung sein. Die eigentliche Forderung lautet, dass der Begriff aus dem öffentlichen Raum verschwindet, denn rassistische Begriffe brauchen keinen Ersatz.[150]

Aber solange es Diskriminierung gibt, muss es auch Wege geben, diese zu thematisieren – einerseits für die Sensibilisierung, andererseits, um strukturelle Veränderungen zu fordern. Übergangslösungen können Schritte in Richtung einer diskriminierungsärmeren Sprache darstellen. Wir selbst haben in diesem Buch verschiedenen Schreibweisen ausprobiert, um möglichst diskriminierungssensibel mit den behandelten Themen umzugehen. Zum Beispiel haben wir in den Kapiteln 9 und 11 rassistische Begriffe erwähnt, die ein wichtiger Teil von rassistischen Strukturen sind. Diese Begriffe haben wir zu Sensibilisierungszwecken einmal ausgeschrieben, aber durchgestrichen. Vielleicht führt das zu Verwunderung, was das Durchstreichen für einen Unterschied macht, denn eigentlich wird immer noch das verletzende Wort kommuniziert. Die britische Philosophin Rebecca Roache fragt, ob diese Vorgehensweise nicht vergleichbar damit sei, eine Person zu ohrfeigen und ihr vorher zu sagen, sie solle bitte keinen Schmerz empfinden.[151] Der Unterschied, den das Durchstreichen in Fällen von diskriminierenden Begriffen macht, ist tatsächlich klein. Die veränderte Schreibweise kommuniziert weiterhin das verletzende Wort und ersetzt es nicht durch etwas weniger Verletzendes, aber Schreibende machen mit dem Durchstreichen ihre Absicht deutlich: Sie wahren eine kritische Distanz zu diesen Begriffen und signalisieren, dass sie nicht gebilligt werden, sondern dass das, wofür sie stehen, kritisiert wird. Derartig veränderte Schreibweisen sind in vielen Fällen nur Übergangslösungen. Damit andere Schreibweisen als diskriminierungskritische Praxis funktionieren, müssen sie in ein umfassendes sprachliches Wertegerüst passen. Für einen rücksichtsvollen Umgang miteinander lohnt es, sich zusätzlich zu fragen, ob genau dieses Wort kommuniziert werden muss oder ob es nicht sogar wirkungsvoller wäre, über die diskriminierenden Strukturen zu sprechen, die das betreffende Wort repräsentiert. Zusätzlich sollte die Anzahl der Wiederholungen des verletzenden Begriffs auch mit Sichtbarriere (durchgestrichen, mit oder ohne Sternchen etc.) überdacht werden.

Bei selbstermächtigenden Begriffen sieht die Sache anders aus. Zum Beispiel wird »Schwarz« als politische Selbstbezeichnung von und für Schwarze Menschen gerne großgeschrieben. Mit der Großschreibung soll verdeutlicht werden, dass es sich um eine gesellschaftspolitische Position handelt und Schwarzsein keine Eigenschaft ist. Wenn von Schwarzen Menschen gesprochen wird, geht es also um bestimmte Lebensrealitäten in einer mehrheitlich *weißen* Gesellschaft. 2021 ist ein Sammelband mit dem Titel *Schwarz wird großgeschrieben* erschienen, in dem zwanzig unterschiedlich positionierte Schwarze Autor*innen über ihre Lebensrealitäten in

Deutschland nachdenken. In der Einleitung verweist Evein Obulor explizit darauf, dass alle Beitragenden sich für die Begrifflichkeiten oder Schreibweisen entschieden haben, mit denen sie aus ihrer Sicht die Realität am besten abbilden konnten.[152] So bezeichnen sich die verschiedenen Autor*innen, die einen *weißen* und einen Schwarzen Elternteil haben, entweder als »mixed Person« oder »biracial Schwarze Person«, aber »Schwarz« schreiben alle groß. Die vielen Perspektiven führen so zu vielen verschiedenen Schreibweisen, die jedoch nicht beliebig sind. Besonders Menschen, die von Diskriminierung betroffen sind, nutzen Sprache häufig absichtsvoll zur Selbstermächtigung. Und wie *Schwarz wird großgeschrieben* zeigt, gibt es Optionen, die konsensfähig sind, und Varianten, die nebeneinander existieren können.

Andere Schreibweisen können außerdem wirkungsvoll dominante Positionen infrage stellen. Beispielsweise schreiben Aktivist*innen, Wissenschaftler*innen oder Journalist*innen, die sich kritisch mit Rassismus auseinandersetzen, »*weiß*« häufig klein und kursiv. Auch in diesem Fall soll mit der Schreibweise darauf verwiesen werden, dass es sich um eine gesellschaftspolitische Position und keine Eigenschaft handelt. Aber »*weiß*« wird bewusst anders behandelt als »Schwarz«. Durch die Kursivsetzung soll »*weiß*« vom großgeschriebenen »Schwarz« unterschieden werden, weil die Bedeutungsebene von »Schwarz« Widerstandspotenzial birgt und die von »*weiß*« nicht.[153] »*Weiß*« ist nicht als widerständige Selbstbezeichnung entstanden, manche *weiße* Menschen fühlen sich sogar angegriffen, wenn sie zum ersten Mal dieser gesellschaftspolitischen Position zugeordnet werden. Beide Begriffe, »Schwarz« und »*weiß*«, dienen der Sichtbarmachung von gesellschaftlichen Machtverhältnissen, und ihre Schreibweisen untermauern diese Funktion.

Ähnliche Ideen, die hinter der Schreibweise von »*weiß*« stehen, motivierten die berühmte Dichterin und Aktivistin Audre Lorde, »america« in ihren Texten kleinzuschreiben. Sie wollte den Hegemonieanspruch der USA kritisieren. Die Schreibweise soll verdeutlichen, dass die USA nur ein Teil des großen amerikanischen Kontinents sind, auch wenn die geläufige Sprechweise den gesamten Kontinent vereinnahmt. Aus ähnlichen Gründen haben wir uns in diesem Buch bemüht, »USA« oder »US-amerikanisch« zu schreiben.

Kursivsetzung wird auch häufig verwendet, um Fremdwörter in einem Text zu kennzeichnen. Auf diese Weise wird Lesenden zu verstehen gegeben, dass ein Wort nicht derselben Sprache angehört wie der Text, den sie lesen. In Kapitel 10 haben wir zum Beispiel über das Gebärdensprachzeichen für das Land Indien gesprochen. Wir hätten über diese Geste schreiben können, dass sie an das Tragen eines *Bindi* auf der Stirn erinnert. Diese Praxis der Kursivsetzung wird vor allem im Zusammenhang mit Texten kritisiert, die größtenteils in einer dominierenden Sprache des Globalen Nordens verfasst sind und in denen Wörter kursiv gesetzt werden, die aus Sprachen von strukturell weniger privilegierten Gruppen entlehnt wurden. Denn eine solche typografische Markierung verdoppelt das Andern (othering), das in den durch ungleiche Machtdynamiken erzeugten Verhältnissen strukturell angelegt ist, und wirkt exotisierend: Der deutsche Text ist die Norm, das Fremdwort anders und abweichend.

Wenn verschiedene Sprech- und Schreibweisen als nützliche Option für einen diskriminierungskritischen Sprachgebrauch thematisiert werden, stellen sich einigen womöglich die Nackenhaare auf. In der Schule wird von Lehrer*innen, die sich an den Bildungsstandards der Kultusminister*innenkonferenz orientieren, schließlich die »richtige« Aussprache, die »richtige« Grammatik und die »richtige« Schreibweise von Wörtern unterrichtet. Alles, was davon abweicht, wird in Diktaten oder Aufsätzen als Fehler angestrichen und in Wortbeiträgen kritisch angemerkt und korrigiert. Schulen lehren ein Standarddeutsch auf Basis bestimmter Wörterbücher und Grammatiken. Außerdem gibt es Dienstvorschriften für »amtliches Hochdeutsch« von Beamt*innen oder Lehrenden. Es gibt eine bevorzugte Aussprache, zum Beispiel das sogenannte »Bühnendeutsch«. Die deutsche Sprache wurde vor langer Zeit aus pragmatischen Gründen standardisiert: Das sollte zu einer besseren Verständigung beitragen und, wie in Kapitel 14, »Monolingualism is dead«, bereits erwähnt, das Zusammengehörigkeitsgefühl innerhalb des Nationalstaats fördern. Auf diese Weise sollte das soziale, kulturelle und staatliche Leben optimiert werden.[154] Aber sprachliche Standardisierung führt auch dazu, dass zeitgemäßen, diskriminierungskritischen Anpassungen häufig zunächst Ablehnung entgegenschlägt und sie sich nur langsam und mit viel Anstrengung durchsetzen.

Nicht nur in Deutschland, sondern in den meisten Ländern gibt es eine Standardsprache. Die Standardsprache ist ein Konstrukt, an dem als erstrebenswertes Ideal festgehalten wird. Menschen, deren Deutsch dem Standard nicht entspricht oder die sich bewusst für andere Schreibweisen oder Begrifflichkeiten entscheiden, Soziolekte, Dialekte oder andere Sprachen sprechen, erleben infolgedessen oft Diskriminierung. Demzufolge haben Menschen, die nicht die anerkannte Standardsprache sprechen, häufig weniger Zugang zu gesellschaftlichen Ressourcen und einen enger gesteckten Möglichkeitsrahmen.

Die drastischen Auswirkungen dessen, von der Bevölkerung eines Landes bestimmte Sprachstandards zu erwarten, zeigt ein Beispiel aus den USA. General American English (standardamerikanisches Englisch) ist dort die standardisierte Sprachvarietät, die in der Regel an Schulen gelehrt und gefordert wird. 1996 entschied ein Schulausschuss in Oakland, Kalifornien, eine weitere Sprachvarietät anzuerkennen, nämlich African American Vernacular English (AAVE, afroamerikanisches Englisch). Die Entscheidung begründete der Ausschuss damit, dass diese Sprache von einem Großteil der Anwohner*innen gesprochen würde. Der Fall wurde weltweit in den Medien diskutiert, da viele Leute behaupteten, AAVE sei fehlerhaftes Englisch – beispielsweise werden »am not«/»is not«/»are not« (»bin nicht«/»ist nicht«/»sind nicht«) zu »ain't«, was für viele als falsch gilt. Kritiker*innen sprachen dieser Varietät den Status einer »richtigen« Sprache ab. Aber der Effekt, den diese Entscheidung hatte, war eindeutig: Schüler*innen an den betreffenden Schulen erhielten deutlich bessere Noten. Die Änderung öffnete ihnen Türen, denn bessere Schulabschlüsse erleichterten ihnen den Zugang zu Universitäten und besser bezahlten Jobs.[155]

In Deutschland werden Sprachstandards auch im Zusammenhang mit Schule debattiert. Mitglieder konservativer und rechter Parteien[156] sprechen sich für eine Deutschpflicht auf deutschen Schulhöfen aus, um das generelle Deutschniveau zu heben. Das Mischen von mehreren Sprachen – zum Beispiel Türkisch und Deutsch – wird in diesem Zuge oft als problematisch kritisiert, und es wird vor »Halbsprachigkeit« gewarnt. Dabei entstehen durch das Mischen von verschiedenen Sprachen mit der Zeit eigene Varietäten, die die Grenzen zwischen ihnen verschwimmen lassen. Studien belegen, dass der Gebrauch von Sprachen, Varietäten und Kommunikationsformen in diasporischen oder migrantischen Communitys nicht defizitär ist, sondern schlicht anders und eng verknüpft mit den eigenen Lebensrealitäten. Das Gemischtsprechen wird für sie zu einer von mehreren Optionen und zu einem Code innerhalb der Gruppe.[157]

Diese Möglichkeiten, verschiedene Schreibweisen, Sprachvarietäten oder Codes zu nutzen, deuten bereits an, worauf wir im nächsten – und letzten – Kapitel noch ausführlicher eingehen möchten: Es muss keinen One-size-fits-all-Ansatz geben, und es ist möglich, diskriminierungskritisch *und* kreativ mit Sprache umzugehen.

16 GESPRÄCHE FÜHREN / KREATIVE ANSÄTZE

Macht Sprache 16:
Sprache kann als Handwerk betrachtet werden, das mitunter kreativ und diskriminierungskritisch angewendet wird. Verschiedene Anwendungsmöglichkeiten lassen sich erlernen, einüben und weiterentwickeln. Um die Gesellschaft gerechter zu gestalten, lohnt es sich, miteinander darüber im Gespräch zu bleiben.

Ein fiktives Gespräch:

»Die wievielte Version dieses Kapitels schreiben wir jetzt?«

> »Ich habe den Überblick verloren. Es müsste der dritte oder vierte Versuch sein.«

»Oder schon der fünfte? Wahrscheinlich gehören viele überarbeitete oder ganz neue Versionen einzelner Textpassagen zum Schreiben eines Buches einfach dazu – und auch zu dem Bestreben, diskriminierungskritisch zu sprechen. Ich glaube, im alltäglichen Sprachgebrauch verstehe ich meine Verwendung von Sprache normalerweise weniger als Handwerk als beim Schreiben von Artikeln und Büchern. Aber wenn ich jetzt darüber nachdenke, ist jeder Sprachgebrauch eine Tätigkeit, für die es bestimmte Methoden gibt, die unter anderem zur Reduzierung von Diskriminierung oder zur Schönheit beitragen.«

»Ich stimme dir zu, in Gesprächen im Alltag oder beruflichen E-Mails kann es in den Hintergrund rutschen, dass Sprache ein formbares Mittel mit politischen und ästhetischen Eigenschaften ist. Als Handwerk betrachtet, wird aber klar, dass sprachlicher Ausdruck Übung bedarf. Und je mehr ich meine Fertigkeiten verfeinere, desto mehr Raum entsteht für Kreativität.«

»Ja genau! Und in anderen kreativen Bereichen ist es ganz ähnlich: Wenn ich Geige lernen will, muss ich mich auch erst ausführlich mit dem Instrument vertraut machen, Fingerfertigkeit, Bogentechniken und so weiter erlernen, bevor ich komplexe Stücke spielen und kreativ interpretieren kann.«

»Bei Musik weiß ich nicht, wie es ist, aber wenn es um Sprache geht, dann wird auf jeden Fall viel über die möglichen Methoden und Techniken diskutiert. Mir fällt auf, dass gerade die, die du erwähnt hast, Schönheit und Reduzierung von Diskriminierung, in der öffentlichen Debatte als gegenläufig verstanden werden. Erst letztens habe ich wieder gelesen, dass diskriminierungsreduzierende, genderinklusive Schreibweisen Texte verunstalten und zahlreiche

> Menschen Leitfäden zum Gendern als ›Sprachkorsett‹ empfinden würden.«[158]

»Diese Argumente, gerechte Sprache sei kreativitätshemmend und einengend, sind mir auch schon häufig begegnet. Ich denke, das führt zurück zu unseren ersten beiden Kapiteln, in denen wir auf Positionierung und Privilegien eingegangen sind. Für wen fühlen sich genderinklusive Schreibweisen wie ein Korsett an und für wen sind hingegen die etablierten Formen einengend?«

> »Oder schlimmer noch – und da muss ich immer an einen Kommentar von Lann Hornscheidt denken –: Für wen machen sie das Leben weniger lebenswert?«

»Ja, das ist eine wichtige Frage! Wie du weißt, lese ich viel – das gehört ja auch zu meinem Job –, und ich schätze die Belletristik, die ›schöne Literatur‹, als Kunstform, die sprachlich festhält, wie die Welt ist und wie sie sein könnte. Meiner Meinung nach kann die Belletristik ermöglichen, Schönheit zu erkennen und auch neu zu definieren. In Bezug auf Gender fällt mir sofort Kim de l'Horizons *Blutbuch* ein. Dieser autofiktionale Roman hat 2022 den Deutschen und den Schweizer Buchpreis erhalten, einerseits, weil er so eine unglaublich spannende Familiengeschichte beinhaltet, aber andererseits auch gerade weil er mit bestehenden sprachlichen Genderkonventionen gebrochen hat.«

»Interessant. Ich habe schnell Kim de l'Horizons Wikipedia-Artikel geöffnet. Dort findet sich ein Zitat der Jury des Deutschen Buchpreises: ›Mit einer enormen kreativen Energie sucht die non-binäre Erzählfigur in Kim de l'Horizons *Blutbuch* nach einer eigenen Sprache [...]. Welche Narrative gibt es für einen Körper, der sich den herkömmlichen Vorstellungen von Geschlecht entzieht? [...] Jeder Sprachversuch, von der plastischen Szene bis zum essayartigen Memoir, entfaltet eine Dringlichkeit und literarische Innovationskraft, von der sich die Jury provozieren und begeistern ließ.‹[159] Ich habe *Blutbuch* noch nicht gelesen. Was genau macht Kim de l'Horizon denn sprachlich?«

»Soweit ich mich erinnere, findet sich in *Blutbuch* eine ganz selbstverständliche Verwendung des Gendersternchens. Als unbestimmte Pronomen tauchen die Begriffe »mensch« (statt »man«) oder »jemensch« (statt »jemand«) auf. Die Verwendung von Wörtern aus dem Berndeutschen Dialekt – etwa »Großmeer« für »Großmutter« – ermöglicht verschiedene sprachliche Spielereien. Ich empfehle dir auf jeden Fall, dieses Buch zu lesen!«

»Ich hoffe, ich finde irgendwann Zeit dafür. Wie spannend, dass die Jury gerade diesen Bruch mit Vertrautem als besonders kreativ und auszeichnungswürdig empfand. Eine Auszeichnung wie der Deutsche Buchpreis ist eine öffentliche Würdigung kreativer Arbeit, die sicherlich das Publikum verbreitert. Vielleicht lassen sich auf diese Weise einige Leser*innen von der Schönheit genderfreier oder genderinklusiver Formulierungen anstecken?«

»Das ist möglich. Bei mir trifft das auf jeden Fall zu. Ich bin vielleicht ein bisschen nerdig, aber ich schreibe mir beim Lesen manchmal einzelne Wörter oder Sätze raus, die ich in Erinnerung behalten oder selbst verwenden möchte. Bisher ging es mir dabei immer einfach um schöne Ausdrucksweisen. Aber jetzt, da ich darüber nachdenke, ist es eine Methode, auch im Sinne einer gerechteren Sprache den Wortschatz zu erweitern und Neues zu lernen. Als ich das Neopronomen ›dey‹ kennengelernt habe, wusste ich nicht direkt, wie es eingesetzt wird. Ich war froh, als ich es dann in einem queeren Jugendroman fand, in *How Do I Tell Them I Love Them* von Kacen Callender in der deutschen Übersetzung von Anne-Sophie Ritscher.«

»Ist ›dey‹ eine deutsche Variante für ›they‹?«

»Ja, genau. ›Dey‹ wurde von und für Menschen eingeführt, die sich nicht mit den binären Pronomen ›sie‹ und ›er‹ identifizieren. Es gibt auch andere Varianten im Deutschen, wie ›sier‹, das ›sie‹ und ›er‹ verbindet und daraus eine weitere Variante entstehen lässt, ›ens‹, der Mittelteil von Mensch, oder ›jen‹, abgeleitet von ›jener‹. Der Vorteil von ›dey‹ ist, dass es sich deklinieren lässt.«

»Kannst du mir ein Beispiel geben?«

»Warte, ich lese dir eine kurze Passage aus dem Buch vor. Es ist eine Stelle, an der die Hauptperson einem Verlag per E-Mail eine Idee für einen Roman pitcht: ›Als Birdie die achtzehnjährige Alexandra trifft, schwört diese, demm dabei zu helfen, in die Zukunft zurückzukehren. Aber dann verschwindet Alex spurlos, und Birdie muss Hinweisen folgen, um ihr mysteriöses Verschwinden aufzuklären, wobei dey auf Antworten stößt, die demm dabei helfen, selbst nach Hause zu finden.‹«[160]

> »Danke! Ich finde, die Bedeutung ist sofort verständlich, muss aber gestehen, dass ich die Formulierung beim ersten Hören auch etwas gewöhnungsbedürftig finde. Das kann aber auch daran liegen, dass Deutsch für mich eine Zweitsprache ist. Ich kann mir vorstellen, dass ich mich im Laufe des Romans daran gewöhnen würde und dieses Neopronomen in einem weiteren Text dann vielleicht schon ganz normal wirken würde. Hat sich ›dey‹ in Anlehnung an ›they‹ entwickelt?«

»Ja, genau, der Begriff ist phonetisch vom Englischen abgeleitet. Es gibt aber auch genderinklusive Formulierungen, die nicht aus dem Englischen übernommen werden. Da fällt mir zum Beispiel Nadire Biskins Beitrag ›Borderline‹ im Sammelband *Flexen. Flâneusen* schreiben Städte* ein. Sie verwendet das türkische genderneutrale Pronomen o und erzielt somit einen Effekt der Geschlechterfluidität, der in diesem kreativen, lyrischen Text passend ist, finde ich.«[161]

»Ich habe es im Deutschen bisher so gehandhabt, dass ich versuche, gar keine Pronomen zu verwenden und stattdessen nach Möglichkeit den Namen der Person wiederhole.«

»Ja, die Variante ist auch in Situationen hilfreich, in denen ich nicht weiß, welche Pronomen mein Gegenüber verwendet. Vom Namen lässt sich die Genderidentität nicht immer ablesen.«

»Damit sie nicht automatisch einem der binären Geschlechter zugeordnet werden, ändern einige nichtbinäre Menschen ihre Namen und wählen einen genderneutralen. Mir ist in diesem Zusammenhang die großzügige Geste einiger nichtbinärer Personen aufgefallen, die sich einen einsilbigen Namen aussuchen, um es ihren Gesprächspartner*innen leichter zu machen, ihn öfter zu wiederholen. Aber ich werde in Zukunft meine Augen für andere Neopronomen und ihre Verwendungsweisen offen halten. Wenn Sprachgebrauch, wie du am Anfang gesagt hast, letztendlich ein Handwerk ist, dann interessiert mich, welche Methoden für wen und welchen Zweck funktionieren und welche kreativen Ansätze sich ergeben, wenn ich an meinen diskriminierungskritischen Methoden feile.«

»Mich auch! Dieses Buch zu schreiben war herausfordernd, aber es hat mir einen Rahmen für eine aktive und zeitintensive Auseinandersetzung mit verschiedenen

Methoden gegeben, wofür ich sehr dankbar bin. Ich habe mir in dieser Zeit ein paar Podcasts zum Schreiben als Handwerk angehört, unter anderem ein Interview mit Matthew Salesses, der in den USA Creative Writing studiert hat und es jetzt neben seiner schriftstellerischen Tätigkeit auch unterrichtet. Er hat gesagt: ›Craft is what we've seen work in other stories.‹[162] Wenn Neopronomen im Kontext von bestimmten Geschichten funktionieren, ist das nicht nur politisch relevant, sondern zeugt auch von handwerklichem Geschick. Was ich lese, prägt mich und mein eigenes Schreiben – und auf die Sprechsprache würde sich das teilweise auch übertragen lassen.«

»Ja, es gibt auf jeden Fall viele bereichernde sprachliche Methoden. Aber wenn wir gerade kein Buch über Sprache schreiben, müssen wir uns sicher daran erinnern, am Ball zu bleiben, und Zeit für so eine aktive Auseinandersetzung einräumen. Alle Menschen nutzen zwar täglich Sprache, aber sich so viele Gedanken über die Art und Weise machen zu können ist auch irgendwie ein Luxus.«

»Zum Thema ›am Ball bleiben‹ hatte ich mir überlegt, dass Gamification vielleicht nützlich sein könnte. Mich motivieren auf jeden Fall spielerische Elemente in Lernangeboten. So wie bei Sprachlern-Apps.«

»Da muss ich kurz die Rolle der Spaßverderberin einnehmen, wie wir sie in Kapitel 13 zum Thema Humor beschrieben haben. Ich weiß nicht, ob Spieldesignprinzipien und -mechaniken im Zusammenhang mit bestimmten Formen sprachlicher Diskriminierung angemessen sind.«

»Okay. Da sollte ich noch mal drüber nachdenken ...«

»Ja, ich selbst wahrscheinlich auch. In mir ist bei deinem Vorschlag nur so ein Gefühl aufgekommen, eine leichte Irritation. Dieser spontanen, deutlichen Reaktion möchte ich nachgehen.

(*Stille.*)

Generell wäre ich vorsichtig. Nicht alle kreativen Ansätze, Methoden oder Wortneuschöpfungen sind für alle Kontexte und Positionierungen geeignet. Einige sprachlichen Interventionen wurden nicht für die sprachliche Existenz oder die Lobbyarbeit für die eigenen Rechte, die Repräsentation oder die Aufklärungsarbeit entwickelt. Es geht nicht nur darum, Neopronomen zu lernen oder den Wortschatz zu erweitern, sondern die Strukturen zu verstehen und wie Sprache mit ihnen zusammenhängt. Sprache kann Risiken bergen oder – wie wir in Kapitel 5 erörtert haben – dem eigenen Schutz dienen. Wenn Menschen sich aufgrund eines oder mehrerer Identitätsmerkmale gesellschaftlicher Diskriminierung ausgesetzt sehen, sind Beleidigung, Verfolgung oder körperliche Bestrafung reale mögliche Konsequenzen. Deshalb erfinden bestimmte Gruppen immer wieder neue Ausdrucksweisen, um zu verhindern, dass Nichtmitglieder der Gruppe sie verstehen.«

»Du sprichst von Codes, die Gruppen für sich entwickeln? So ähnlich wie Geheimsprachen, die Kinder sich zum Spaß ausdenken? Oder Insider unter Freund*innen?«

»Ja, aber in den Fällen, die ich meine, können diese Codes, die von Nichtmitgliedern der Gruppe nicht verstanden werden, lebensnotwendig sein. Hier ist ein Beispiel: Während der NS-Zeit wurden schwule Männer verfolgt. Deshalb nutzten einige von ihnen untereinander weibliche Spitznamen oder sprachen gegenseitig von sich als Schwestern oder Tanten.«[163]

»Solche Fälle sollte ich wirklich nicht auf die leichte Schulter nehmen.«

»Ja, ich denke auch. Das muss aber nicht heißen, dass wir nicht von solchen Geschichten oder kreativen Ansätzen lernen können. Erinnerst du dich noch an unsere Veranstaltungsreihe ›Autor*in trifft Übersetzer*in‹? Mit Sharon Dodua Otoo und Jon Cho-Polizzi haben wir dabei über die verschiedenen Erzählperspektiven in dem Roman *Adas Raum* gesprochen.«

»Ja, stimmt, in *Adas Raum* verschiebt sich die Erzählperspektive ständig, sodass Lesende die Welt der Fiktion nicht nur aus der Perspektive von menschlichen Figuren in verschiedenen historischen, geografischen und kulturellen Kontexten erleben, sondern auch aus der Sicht von Gegenständen wie einem Besen und einem Türklopfer. Ganz schön bizarr! Aber worauf willst du hinaus?«

»Ich finde, der Roman zeigt eindrücklich, dass jede Perspektive ihre Grenzen hat und wie unterschiedlich Ereignisse aus verschiedenen Blickwinkeln wahrgenommen werden.«

»Das Buch liegt ja sogar noch auf deinem Schreibtisch. Findest du eine kurze Passage, die das veranschaulicht?«

»Moment. Hier: ›1459 hatte ich es mir nicht aussuchen können, zu welchem Gegenstand ich werden sollte, aber als Reisigbesen behielt ich immerhin einen gewissen Spielraum. Zu jener Zeit, an jenem Ort war meine Rolle weitestgehend unkompliziert. Ich lag für gewöhnlich draußen in einer schattierten Ecke, neben vier oder fünf Tontöpfen und mehreren Holzkohlehaufen. Es wurde zwar mehrmals am Tag nach mir gegriffen, aber die Fläche zwischen den drei Häuschen auf dem Grundstück war überschaubar.‹«[164]

(*lacht*) »Ich glaube, *Adas Raum* war das erste Buch, das ich gelesen habe, in dem Gegenstände erzählen.«

»Ja, geht mir auch so. Es ist ein toller erzählerischer Kniff, der mich daran erinnert, herauszuzoomen oder zu versuchen, mich in andere und ihre Perspektiven hineinzuversetzen.«

»So etwas Ähnliches wird auch manchmal in Unternehmen angewendet, in Kreativ-Meetings, in denen gemeinsam gebrainstormt wird.«

»Wirklich?«

»Ja, also bei einem früheren Job habe ich es mal erlebt, dass wir uns in verschiedene Rollen hineinversetzen sollten. Aber dabei besteht die Gefahr, in stereotype Rollenbilder abzurutschen. Auch beim Versuch, sich in andere Perspektiven hineinzuversetzen, scheint mir neben der kreativen Spielerei doch eine gewisse Ernsthaftigkeit notwendig zu sein. Oder es könnten tatsächlich unterschiedlich positionierte Personen mit bestimmten Expertisen eingeladen werden.«

»Gegen Bezahlung für ihr Wissen.«

»Ja.«

»Wo wir jetzt über *Adas Raum* und verschiedene Perspektiven sprechen, erinnere ich mich daran, dass Otoo in einem Abschnitt des Buches die Ankunft der portugiesischen Kolonisten beschreibt und sie ›Die-mit-den-großen-Schiffen‹ nennt.[165] Im Gegensatz zu der Art und Weise, wie das Reden über die ›Entdeckung‹ Amerikas eine eurozentrische Weltsicht als Norm voraussetzt (wie wir in Kapitel 4 thematisiert haben), finde ich diese Benennung aus der Perspektive der Marginalisierten eine überzeugende Strategie zur Entnormalisierung einer oft unsichtbar erscheinenden Norm. Gleichzeitig untergräbt es die Machtdynamik, die wir in diesem Buch besprochen haben, bei der die Mächtigen die Marginalisierten benennen. Tatsächlich sind mir in den Büchern, die ich in letzter Zeit gelesen habe, mehrere Beispiele dafür aufgefallen. In Abdulrazak Gurnahs Roman *Nachleben* über den deutschen Kolonialismus im sogenannten Deutsch-Ostafrika bezeichnet er Europäer oft als ›mzungus‹[XXV]. Der südafrikanische Wissenschaftler S. Mayekiso weist auf einige interessante Formulierungen für frühe Kolonisten in Zulu und Xhosa hin: ›Die-die-mit-Stöcken-zielen-aus-denen-Feuer-und-Blitz-platzen‹, oder ›Die-die-dort-leben-wo-es-immer-naß-ist‹. Er spricht auch darüber, wie diese Benennungspraktiken begannen, zwischen verschiedenen Gruppen von *weißen* Menschen zu unterscheiden. Die Engländer*innen wurden als ›Die-die-lispeln‹ oder ›die Fischesser‹ bekannt, die Niederländer*innen als ›die Schweinesser‹.[166] Ich denke, dass die Namensgebung hier eine wichtige Rolle spielt, denn wenn Lesenden die-

XXV Mzungu ist ein Kiswahili-Begriff für *weiße* Menschen oder Europäer*innen. Wörtlich wird es meistens als »wandernde Person« übersetzt. (Helmut Spitzer: »Social Work in East Africa: A Mzungu Perspective«, in: *International Social Work* 62 (2019), H. 2, S. 567–580, hier: S. 568)

se Bezeichnungen seltsam vorkommen, fragen sie sich vielleicht, warum.«

»Ja, diese Wirkung hat es auch auf mich. Und es lässt mich an Begriffe wie ›Kartoffel‹ und ›Almans‹ denken, über die wir in Kapitel 6 gesprochen haben und die etwas Ähnliches mit der Benennung der privilegierten Position tun. Ein Teil des Privilegs solcher Positionen ist, dass sie oft nicht benannt werden. Sie zu benennen, und zwar mit den Begriffen der Nichtprivilegierten, scheint mir also eine effektive Strategie zu sein, die einen gewissen perspektivischen Spielraum schafft.«

»Ich muss jetzt mal langsam los. Willst du mir zum Ende noch sagen, was du aus unserem Gespräch mitnimmst?«

»Ich würde gerne kurz und knapp sagen: Macht Sprache! Auch wenn mir der Imperativ immer etwas widerstrebt – ich will eigentlich niemandem Befehle erteilen. Ich glaube, ich möchte damit gerade eher eine generelle Anregung ausdrücken, sich mit bestehenden und neu entstehenden sprachlichen Möglichkeiten auseinanderzusetzen und zu versuchen, sie auch anzuwenden. Aber vielleicht klingt das zu einfach. Denn es bedeutet, Zeit zu investieren, Neues zu lernen und sicher auch Fehler zu machen. Aber eben im Bemühen, Diskriminierung zu reduzieren.«

»Mir geht es ähnlich. Also vielleicht halten wir fest: Wir bleiben im Gespräch.«

DANKSAGUNG

Die Entstehung dieses Buches wäre nicht möglich gewesen ohne die vielen Menschen, die uns großzügig ihre Zeit, Energie und Expertise zur Verfügung gestellt haben. Ihnen allen und der *poco.lit.*- und macht.sprache.-Community gilt unser herzlicher Dank:

Susi Peter und Lisa Nechutnys für die kontinuierliche Unterstützung von macht.sprache. und *poco.lit.* sowie allen, die frühere Versionen dieses Manuskripts gelesen haben, darunter Jan Pedd, Mariana Kriebel und Wolle.

Kolja Lange und Timur Çelikel für die gemeinsame Arbeit bei der Entwicklung von machtsprache.de.

Mithu Sanyal und Nicole Seifert sowie allen anderen, die im Laufe der letzten Jahre aktiv an unseren Veranstaltungen und Workshops im Rahmen von macht.sprache. teilgenommen haben.

Dem Ullstein Verlag, insbesondere Silvie Horch und Anna Heller für die Unterstützung bei der Realisierung dieses Buches.

Dem Berliner Senat, dem Prototype Fund, dem Deutschen Übersetzerfonds und Unlock/Wikimedia Deutschland für die Förderungen, den Kultur- und Kreativpilot*innen für die Unterstützung und den Goethe-Instituten in Nordwesteuropa und Frankreich für die Kooperationen.

Und nicht zuletzt Felix, Doro und Caro für offene Ohren und liebe Worte, und Fritz für all die Geduld und Unterstützung.

QUELLEN

1 Vgl. »›Jim Knopf‹-Verlag entscheidet: Kein N-Wort mehr auf Lummerland«, *Der Standard,* 23.02.2024, https://www.derstandard.de/story/3000000208847/jim-knopf-verlag-entscheidet-kein-n-wort-mehr-auf-lummerland

2 Siehe Jennifer Bonham und Kat Jungnickel: »Cycling and Gender: Past, present and paths ahead«, in: Glen Norcliffe, Una Brogan u.a. (Hg.): *Routledge Companion to Cycling.* London 2022, S. 25. Das Fahrrad wurde auch von Frauen aus anderen Kontexten als wichtiger Teil einer wachsenden Frauenbewegung betrachtet, zum Beispiel von Fatma Aliye Topuz im ehemaligen Osmanischen Reich (Alon Raab: »Vignette K Wheels of Fire: women cycling in the Middle East«, in: *Routledge Companion to Cycling,* S. 396).

3 Stuart Hall: *Vertrauter Fremder.* Übersetzt von Ronald Gutberlet. Berlin 2020, S. 31f.

4 »Nur 5% der Behinderungen von Menschen in Deutschland sind angeboren. 95% der Menschen bekommen ihre Behinderungen also erst im Laufe des Lebens.« (Tanja Kollodzieyski: *Ableismus.* Berlin 2020, S. 1).

5 Patricia Hill Collins: *Intersektionalität als kritische Sozialtheorie.* Übersetzt von Echo Foidl, Daphne Nechyba und Anna von Rath. Münster 2023, S. 41f.

6 Ebd., S. 44.

7 Ronen Steinke: *Vor dem Gesetz sind nicht alle gleich.* München 2022.

8 Dieses Verständnis von struktureller Diskriminierung basiert auf Leah-Carola Czollek, Gudrun Perko, Corinne Kaszner und Max Czollek: *Praxishandbuch Social Justice und Diversity.* Weinheim 2019.

9 Vgl. Sharon Dodua Otoo: »Vor der Grenze – über einen Übersetzungsstreit«, *54 books,* 29.03.2021, https://54books.de/vor-der-grenze-ueber-einen-uebersetzungsstreit/

10 Vgl. Marion Kraft: »Übersetzung und Verbundenheit: Ein Interview mit Marion Kraft«, *poco.lit.,* 26.10.2022. https://pocolit.com/2022/10/26/uebersetzung-und-verbundenheit-ein-interview-mit-marion-kraft/ [letzter: Zugriff 15.11.2022].

11 »Toni Morrison: ›I'm writing for Black people, I don't have to apologize‹«, *The Guardian*, 25.04.2015, https://www.theguardian.com/books/2015/apr/25/toni-morrison-books-interview-god-help-the-child

12 Unsere Übersetzung des Zitats.

13 Sie zitieren unter anderem das Combahee River Collective, Stuart Hall, Ta-Nehisi Coates, Toni Morrison und viele mehr.

14 Zu diesen Begriffen als Selbstbezeichnung vgl. https://www.fluter.de/Fat-Acceptance-Aktivistin-Interview

15 Caroline Criado-Perez: *Unsichtbare Frauen. Wie eine von Daten beherrschte Welt die Hälfte der Bevölkerung ignoriert*. Aus dem Englischen von Stephanie Singh. München 2020, Kapitel 9.

16 Vgl. May Ayim: *Grenzenlos und unverschämt*. Münster 2021.

17 May Ayim: *blues in schwarz weiss*. Münster 2021, S. 69.

18 Nariman Youssef und Gitanjali Patel: »All the violence it may carry on its back: a conversation about literary translation«, in: Kavita Bhanot und Jeremy Tiang (Hg.): *Violent Phenomena: 21 Essays on Translation*. London 2022, S. 16f.

19 »VW-Manager zieht wegen Gender-Sprache vor Oberlandesgericht«, *FAZ*, 01.09.2022, https://www.faz.net/aktuell/wirtschaft/unternehmen/audis-gendersprache-die-klage-ist-jetzt-beim-oberlandesgericht-18286083.html

20 »Herrmann: Bayern beschließt Verbot der Gendersprache«, Bayerische Staatsregierung, 19.03.2024, https://www.bayern.de/herrmann-bayern-beschliesst-verbot-der-gendersprache/

21 Lisa Marie Glock: »Das Genderverbot: Ein Rückschlag für die queere Community«, *edit-Magazin*, 17.05.2024, https://www.edit-magazin.de/das-genderverbot-ein-rueckschlag-fuer-die-queere-community.html

22 Vgl. z. B. Gayatri Chakravorty Spivak: »Can the Subaltern Speak?«, in: Patrick Williams und Laura Chrisman (Hg.): *Colonial Discourse and Post-Colonial Theory. A Reader*. London/New York 2013, S. 66–112, und Teju Cole: »The White-Savior Industrial Complex«, *The Atlantic*, 21.03.2012, https://www.theatlantic.com/international/archive/2012/03/the-white-savior-industrial-complex/254843/

23 Mohamed Amjahid: *Der weiße Fleck – Eine Anleitung zu antirassistischem Denken*. München 2021, S. 181f.

24 Marion Kraft: *Empowerment und Widerstand – inspirierende Begegnungen mit Audre Lorde*. Hiddensee 2021, S. 208f.

25 »Vom Arbeiterkind zum Doktor«, Stifterverband 2021, https://www.hochschulbildungsreport.de/2021/chancengerechte_bildung

26 »macht.sprache. und Artificially Correct – Diskussion mit Lann Hornscheidt und Şeyda Kurt« (Teil 1), *poco.lit.*, 23.07.2021, https://pocolit.com/2021/07/23/macht-sprache-und-artificially-correct-diskussion-mit-lann-hornscheidt-und-seyda-kurt-teil-1/

27 Olga Grjasnowa: *Die Macht der Mehrsprachigkeit. Über Herkunft und Vielfalt*. Berlin 2021, S. 8.

28 Louisa Lorenz: *Clit. Die aufregende Geschichte der Klitoris.* München 2022, S. 196–218.

29 Vgl. Duden-Redaktion: *Die außergewöhnliche Geschichte unserer Wörter*. Berlin 2022, S. 44–99.

30 »Neue Pflanzenart aus Amazonien nach Dresdner Botaniker benannt«, TU Dresden, 07.12.2020, https://tu-dresden.de/mn/biologie/die-fakultaet/news/neue-pflanzenart-aus-amazonien-nach-dresdner-botaniker-benannt

31 Kübra Gümüşay: *Sprache und Sein*. München 2020.

32 Vgl. zum Beispiel Stuart Hall: »The West and the Rest«, in: ders.: *Essential Essays, Volume 2: Identity and Diaspora*. Durham 2018, S. 141–184.

33 Ngũgĩ wa Thiong'o: *Dekolonisierung des Denkens*. Übersetzt von Thomas Brückner. Münster 2017.

34 Vgl. Chinua Achebe: »English and the African Writer«, in: *Transition* 18 (1965), S. 27–30.

35 »macht.sprache. und Artificially Correct – Diskussion mit Lann Hornscheidt und Şeyda Kurt« (Teil 1), *poco.lit.*, 23.07.2021, https://pocolit.com/2021/07/23/macht-sprache-und-artificially-correct-diskussion-mit-lann-hornscheidt-und-seyda-kurt-teil-1/

36 »macht.sprache. und Artificially Correct – Diskussion mit Lann Hornscheidt und Şeyda Kurt« (Teil 2), *poco.lit.*, 04.08.2021, https://pocolit.com/2021/08/04/macht-sprache-artificially-correct-diskussion-mit-lann-hornscheidt-und-seyda-kurt-teil-2/

37 Siehe https://www.deutschlandfunkkultur.de/natives-in-deutschland-100.html

38 Adrian Daub: *Cancel Culture Transfer. Wie eine moralische Panik die Welt erfasst*. Berlin 2022.

39 z.B. Lann Hornscheidt: *Sprachhaltung zeigen! Ein Argumentationsleitfaden für diskriminierungskritisches Sprechen und Schreiben*. Hiddensee 2021. Oder Lann Hornscheidt und Ja'n Sammla: *Wie spreche ich divers? Wie schreibe ich gendergerecht?* Hiddensee 2021.

40 Vgl. Julia Shaw: *Bi. Vielfältige Liebe entdecken*. München 2022, S. 18, und »Pan vs. Bi«, bisexualität.org, 23.10.2016, http://www.bisexualitaet.org/2016/10/pan-vs-bi/

41 Adrian Daub: *Cancel Culture Transfer*, S. 54.

42 Suzy Menkes: »Tiffany Amber secures a place in Nigeria's fashion universe #SuzyLFWNG«, *Vogue*, 26.10.2018, https://www.vogue.de/mode/artikel/suzy-menkes-tiffany-amber-nigeria

43 Andrea Lueg: »Kolonialgeschichte im Schulunterricht – Zu weiße Perspektive?«, SWR2 Wissen, 26.08.2022, https://www.swr.de/swrkultur/wissen/kolonialgeschichte-im-schulunterricht-zu-weisse-perspektive-104.html

44 Sabine Sczesny, Magda Formanowicz und Franziska Moser: »Can Gender-Fair Language Reduce Gender Stereotyping and Discrimination?«, in: *Frontiers in Psychology*, 7 (2016), S.1–11.

45 Es gibt inzwischen zahlreiche Belege dafür, dass die konventionelle Verwendung von maskulinen Formen als Generika eine männliche Verzerrung in den mentalen Repräsentationen verursacht und sich andere Geschlechter in der Folge ausgeschlossen oder nicht angesprochen fühlen. Vgl. Lisa K. Horvath, Elisa F. Merkel, Anne Maass und Sabine Sczesny: »Does Gender-Fair Language Pay Off? The Social Perception of Professions from a Cross-Linguistic Perspective«, in: *Frontiers in Psychology* 6 (2016).

46 Kübra Gümüşay: *Sprache und Sein*. München 2020, S. 117f.

47 Khairani Barokka: »Right to Acess, Right of Refusal: Translation of/as Absence, Sanctuary, Weapon«, in: Kavita Bhanot und Jeremy Tiang (Hg.): *Violent Phenomena. 21 Essays on Translation*. London 2022, S. 68.

48 Ebd., S. 69.

49 »Swearing Can Actually Increase Pain Tolerance«, *ScienceDaily*, 13.07.2009, <www.sciencedaily.com/releases/2009/07/090713085453.htm>.

50 Rebecca Roache: *For F*ck's Sake: Why Swearing is Shocking, Rude, and Fun*. Oxford 2023.

51 »N-Wort wiederholt benutzt. Empörung über Palmer-Auftritt an

Frankfurter Uni«, hessenschau.de, 01.05.2023, https://www.hessenschau.de/gesellschaft/n-wort-wiederholt-benutzt-empoerung-ueber-auftritt-von-boris-palmer-an-goethe-uni-frankfurt-v5,frankfurt-uni-palmer-kritik-100.html

52 Bernd Imgrund: »Weiße Menschen sollten sich fragen, warum sie das N-Wort weiter benutzen wollen«, *Kölnische Rundschau*, 25.02.2023, https://www.rundschau-online.de/koeln/interview-mit-koelnerin-schwarze-menschen-verbinden-mit-dem-n-wort-entmenschlichung-447819

53 Vgl. George Lakoff: »Why Hate Speech ist not Free Speech«, 08.09.2017, https://george-lakoff.com/2017/09/08/why-hate-speech-is-not-free-speech/

54 Amanda Montell: *Wordslut. A Feminist Guide to Taking Back the English Language*. New York 2020, S. 31f.

55 Susan Arndt und Nadja Ofuatey-Alazard: *Wie Rassismus aus Wörtern spricht. (K)Erben des Kolonialismus im Wissensarchiv deutsche Sprache*. Münster 2019, S. 654.

56 Anatol Stefanowitsch: *Eine Frage der Moral. Warum wir eine politisch korrekte Sprache brauchen*. Berlin 2018, S. 43.

57 John Russell Rickford und Russel John Rickford: *Spoken Soul. The Story of Black English*. New York 2000.

58 Jacquelyn Rahman: »The N Word: Its History and Use in the African American Community«, in: *Journal of English Linguistics* 40 (2012), H. 2, S. 137–171.

59 Siehe Sharon Dodua Otoo: »›The Speaker is Using the N-Word‹: A Transnational Comparison (Germany-Great Britian) of Resistance to Racism in Everyday Language«, in: Karim Fereidooni und Meral El (Hg.): Rassismuskritik und Widerstandsformen. Wiesbaden 2016, S. 291–305, hier: S.300.

60 »Deutsche Bahn muss Ticketbuchung für Diverse anbieten«, *Zeit Online*, 21.06.2022, https://www.zeit.de/politik/2022-06/bahn-ticket-buchung-diverse-urteil

61 »macht.sprache. und Artificially Correct – Diskussion mit Lann Hornscheidt und Şeyda Kurt« (Teil 1), *poco.lit.*, 23.07.2021, https://pocolit.com/2021/07/23/macht-sprache-und-artificially-correct-diskussion-mit-lann-hornscheidt-und-seyda-kurt-teil-1/

62 »Deutsche Bahn muss Ticketbuchung für Diverse anbieten«, *Zeit*

Online, 21.06.2022, https://www.zeit.de/politik/2022-06/bahn-ticket-buchung-diverse-urteil

63 »macht.sprache. und Artificially Correct – Diskussion mit Lann Hornscheidt und Şeyda Kurt« (Teil 2), *poco.lit.*, 04.08.2021, https://pocolit.com/2021/08/04/macht-sprache-artificially-correct-diskussion-mit-lann-hornscheidt-und-seyda-kurt-teil-2/

64 Krysia Diver: »Germans in a hurry for Harry«, *The Guardian*, 01.08.2005, https://www.theguardian.com/world/2005/aug/01/books.harrypotter

65 Siehe zum Beispiel Ndubuisi Christian Ani: »Appraisal of African Epistemology in the Global System«, in: *Alternation* 20 (2013), H. 1, S. 295–320.

66 Max Liboiron: *Pollution is Colonialism*. Durham 2021, S. viii.

67 Brenda Maddox: »The Double Helix and the ›Wronged Heroine‹«, in: *Nature* 421 (2003), S. 407f. https://doi.org/10.1038/nature01399

68 Caroline Criado-Perez: *Unsichtbare Frauen*. München 2020, Kapitel 1.

69 Sara Ahmed: »Making Feminist Points«, *Feministkilljoys*, 11.09.2013, https://feministkilljoys.com/2013/09/11/making-feminist-points/

70 Stuart Hall: »Cultural Studies and Its Theoretical Legacies«, in: *The Norton Anthology of Theory and Criticism*. New York 2018, S. 1707–1712.

71 Im Original: »was accompanied by a great deal of bad feeling, argument, unstable anxieties, and angry silences« (Stuart Hall: »Cultural Studies and Its Theoretical Legacies«, in: *The Norton Anthology of Theory and Criticism*. New York, 2018, S. 1706).

72 Vgl. Diskussion auf machtsprache.de: https://www.machtsprache.de/term/Xaszhhp67THdkn19vVLq

73 Siehe Ena Cintakinta Ivković: »The Isolating Effects of Language«, *Collective*, 25.03.2021, https://www.collectivethehague.com/post/the-isolating-effects-of-language

74 Vgl. Diskussion auf macht.sprache.de: https://www.machtsprache.de/term/Xaszhhp67THdkn19vVLq

75 *Überübersetzen*, Folge 36 vom 17.10.2023, https://ueberuebersetzen.de/

76 Billy Perrigo: »Exclusive: OpenAI Used Kenyan Workers on Less Than $2 Per Hour to Make ChatGPT Less Toxic«, *time.com*,

18.01.2023, https://time.com/6247678/openai-chatgpt-kenya-workers/.

77 Vgl. Josephine Lulamae: »The BAMF's controversial dialect recognition software: new languages and an EU pilot project«, algorithmwatch.org, 05.09.2022, https://algorithmwatch.org/en/bamf-dialect-recognition/

78 Siehe »Translated EU documents used by Google to develop its language software«, Europaparlament, 05.05.2010, https://www.europarl.europa.eu/doceo/document/E-7-2010-3436_EN.html?redirect

79 Kenza Ait Si Abbou: »Alle tragen Verantwortung dafür, die unbewussten Vorurteile in künstlicher Intelligenz zu reduzieren«, *poco.lit.*, 07.05.2021, https://pocolit.com/2021/05/07/alle-tragen-verantwortung-dafuer-die-unbewussten-vorurteile-in-kuenstlicher-intelligenz-zu-reduzieren-ein-interview-mit-kenza-ait-si-abbou/

80 Vgl. Vijay Prashad: *The Darker Nations.* New York 2008.

81 Im Original »majority world«. (Khairani Barokka: »Right to Access, Right of Refusal: Translation of/ as Absence, Sanctuary, Weapon«, in: Kavita Bhanot und Jeremy Tiang (Hg.): *Violent Phenomena. 21 Essays on Translation*. London 2022, S. 66f.).

82 Mehr über die Geschichte des Begriffs gibt es hier: Christina B. Hanhardt: »Queer History Article«, *oah.org*, o. D., https://www.oah.org/tah/issues/2019/may/queer-history/; Merrill Perlman: »How the word ›queer‹ was adopted by the LGBTQ community«, *Columbia Journalism Review*, 22.01.2019, https://www.cjr.org/language_corner/queer.php

83 Robert McRuer: »Queer meets disability«, übersetzt von Timo Kohorst, Universität Hamburg, 2010, https://www.zedis-hamburg.de/wp-content/download-pdfs/mcruer_queer_meets_disability_04012010.pdf

84 Vgl. Swantje Köbsell: »50 behindertenbewegte Jahre in Deutschland«, *Aus Politik und Zeitgeschichte*, 01.02.2019, https://www.bpb.de/shop/zeitschriften/apuz/284894/50-behindertenbewegte-jahre-in-deutschland/

85 »Eine Diskussion mit Mirjam Nuenning und Dr. Michaela Dudley« (Teil 2), *poco.lit.*, 07.07.2021, https://pocolit.com/2021/07/07/

macht-sprache-eine-diskussion-mit-mirjam-nuenning-und-dr-michaela-dudley-teil-2/

86 Robbie Aitken: »Berlins Schwarzer Kommunist: Joseph Bilé, die Komintern und der Kampf für die Rechte der Schwarzen«, Rosa-Luxemburg-Stiftung, Juni 2019, https://www.rosalux.de/news/id/40552

87 Natasha A. Kelly: *Afrokultur: »der Raum zwischen gestern und morgen«*. Münster 2016, S. 32.

88 »Übersetzung und Verbundenheit: Ein Interview mit Marion Kraft«, *poco.lit.*, 26.10.2022, https://pocolit.com/2022/10/26/uebersetzung-und-verbundenheit-ein-interview-mit-marion-kraft/

89 »macht.sprache. und Artificially Correct – Diskussion mit Lann Hornscheidt und Şeyda Kurt« (Teil 1), *poco.lit.*, 23.07.2021, https://pocolit.com/2021/07/23/macht-sprache-und-artificially-correct-diskussion-mit-lann-hornscheidt-und-seyda-kurt-teil-1/

90 Oliver Trenkamp: »Professix im Geschlechterkampf«, *Spiegel Online*, 24.04.2014, https://www.spiegel.de/lebenundlernen/uni/gendertheorie-studierx-lann-hornscheidt-ueber-gerechte-sprache-a-965843.html

91 Lann Hornscheidt und Ja'n Sammla: *Wie schreibe ich divers? Wie spreche ich gendergerecht?* Hiddensee 2021.

92 Vgl. »›Irgendwann muss man seine Übersetzung abgeben‹. Ein Interview mit Anabelle Assaf«, *poco.lit.*, 30.04.2021, https://pocolit.com/2021/04/30/irgendwann-muss-man-seine-uebersetzung-abgeben-ein-interview-mit-anabelle-assaf/

93 Ebd.

94 Patricia Hill Collins: *Intersektionalität als kritische Sozialtheorie*. Übersetzt von Echo Foidl, Daphne Nechyba und Anna von Rath. Münster 2023, S. 237.

95 Thomas Niehr und Jana Reissen-Kosch: *Volkes Stimme? Zur Sprache des Rechtspopulismus*. Bonn 2019.

96 Siehe: https://naacp.org/about

97 https://www.sahistory.org.za/sites/default/files/DC/leg19500707.028.020.030/leg19500707.028.020.030.pdf

98 »Übersetzerin Nechyba: Bei ›farbig‹ stellt es mir die Haare auf«, *Der Standard*, 05.04.2021, https://www.derstandard.de/story/2000125582884/daphne-nechybabei-farbig-stellt-es-mir-die-haare-auf

99 Noah Sow: *Deutschland Schwarz Weiß*. München: 2008, S. 22.

100 Olaolu Fajembola und Tebogo Nimindé-Dundadengar: *»Gib mir mal die Hautfarbe«. Mit Kindern über Rassismus sprechen*. Weinheim 2021, S. 25.

101 Noah Sow: »Farbig/e«, in: Susan Arndt und Nadja Ofuatey-Alazard (Hg.): *Wie Rassismus aus Wörtern spricht. (K)Erben im Wissensarchiv deutsche Sprache*. Münster 2011, S. 685–686.

102 Nina Stampflmeier: »Köln versinkt in Flüchtlingsflut«, *Bild.de*, 16.04.2015, https://www.bild.de/regional/koeln/koeln/versinkt-in-fluechtlingsflut-40562274.bild.html

103 Jürgen Helfricht: »Wir erwarten Leid, viele Unfälle und auch Tote!«, *Bild.de*, 28.07.2023, https://www.bild.de/regional/dresden/dresden-aktuell/polizeigewerkschaft-warnt-vor-neuer-fluechtlingswelle-wir-erwarten-viele-tote-84840396.bild.html

104 Sebastian Scheffel: »Studie zeigt, welche EU-Länder wegen Flüchtlingswelle ächzen und welche nicht«, *Focus Online*, 13.05.2024, https://www.focus.de/panorama/welt/deutschland-besonders-betroffen-karte-zeigt-wie-fast-ganz-europa-genug-von-migration-hat_id_259939213.html

105 Siehe auch Susi Peter: »Über die Darstellung von Migration in der britischen Presse. Ein Gespräch mit Anna Islentyeva«, *poco.lit.*, 02.11.2022, https://pocolit.com/2022/11/02/ueber-die-darstellung-von-migration-in-der-britischen-presse-ein-gespraech-mit-anna-islentyeva/

106 »Innenministerin Faeser will Flüchtlingszahlen stärker begrenzen«, *Spiegel Online*, 05.05.2023, https://www.spiegel.de/politik/deutschland/nancy-faeser-will-fluechtlingszahlen-staerker-begrenzen-a-852533c0-3c35-4823-b684-378136bd327f

107 George Lakoff und Mark Johnson: *Metaphors we live by*. Chicago 2003 [1980], S. 4.

108 Noah Sow: *Deutschland Schwarz Weiß*. München 2008, S. 108.

109 Hannah Arendt: *The Origins of Totalitarianism*. New York 1966, S. 247.

110 Chinua Achebe: »An Image of Africa«, in: *Research in African Literatures* 9 (1978), H. 1, S. 1–15, https://www.jstor.org/stable/pdf/3818468.pdf

111 Ania Loomba: *Shakespeare, Race, and Colonialism*. Oxford 2002. S. 27–34.

112 Noah Sow: *Deutschland Schwarz Weiß*. München 2008, S. 108f.

113 Clare Barker und Stuart Murray: *The Cambridge Companion to Literature and Disability*. Cambridge 2018, S. 3.

114 Susan Sontag: *Illness as Metaphor*. New York 1978, S. 10.

115 Ebd., S. 22.

116 Penelope Eckert und Sally McConnell-Ginet: *Language and Gender*. Cambridge 2013. S. 77.

117 Eve Tuck und K. Wayne Yang: »Decolonization is not a Metaphor«, in: *Decolonization: Indigeneity, Education & Society* 1 (2012), S. 1–40.

118 Vgl. Patricia Hill Collins: *Intersektionalität als kritische Sozialtheorie*, S. 45.

119 Michaela Dudley im Gespräch mit Mirjam Nuenning, siehe: https://pocolit.com/2021/06/16/macht-sprache-eine-diskussion-mit-mirjam-nuenning-und-dr-michaela-dudley/

120 Susanne Reichl und Mark Stein: *Cheeky Fictions: Laughter and the Postcolonial*. Berlin 2005, S. 13.

121 Johanna Bruckner: »Was Blackfacing mit Pegida zu tun hat«, *Süddeutsche.de*, 27.01.2015, https://www.sueddeutsche.de/kultur/anglizismus-des-jahres-was-blackfacing-mit-pegida-zu-tun-hat-1.2323328

122 Sara Ahmed: *Feministisch leben! Manifest für Spaßverderberinnen*. Übersetzt von Emilia Gagalski. Münster 2021.

123 Sara Ahmed: »Killing Joy: Feminism and the History of Happiness«, in: *Signs: Journal of Women in Culture and Society* 35 (2010), H.3, S. 571–594, hier: S. 581f., https://doi.org/10.1086/648513

124 Ebd. Siehe auch Sara Ahmed: »Feminist Killjoys (And Other Willful Subjects)«, S&F Online 2010, S. 8. http://sfonline.barnard.edu/polyphonic/ahmed_01.htm#text1.

125 Greta Thunberg, Tweet vom 28.12.2022, https://twitter.com/GretaThunberg/status/1608056944501178368

126 Jana Stäbener: »Greta Thunberg besiegt Andrew Tate auf Twitter und bekommt legendären Wikipedia-Eintrag«, *Buzzfeed*, 12.01.2023, https://www.buzzfeed.de/news/teilt-gegen-andrew-tate-wikipedia-eintrag-kickboxen-twitter-reaktionen-greta-thunberg-92000705.html

127 Susanne Reichl und Mark Stein: *Cheeky Fictions: Laughter and the Postcolonial*. Berlin 2005, S. 10.

128 Vgl. Steffen Grimberg: »Satire in der DDR: Staatlich bestellter

Humor«, *mdr.de*, 04.08.2021, https://www.mdr.de/medien360g/medienkultur/satire-in-der-ddr-104.html

129 Hannah Gadsby: *Nanette*. 2018.

130 Mary Katharine Tramontana: »Why are men still explaining things to women?«, *New York Times*, 09.09.2020, https://www.nytimes.com/2020/09/09/us/why-are-men-still-explaining-things-to-women-mansplaining-authority-gender.html

131 Zum Beispiel in Magdeburg: Jurik Caspar Iser: »Wo der Erfolg der AfD der Wirtschaft schadet«, *Zeit Online*, 22.10.2023, https://www.zeit.de/wirtschaft/2023-10/fachkraeftemangel-zuwanderung-afd-magdeburg-intel

132 Olga Grjasnowa: *Die Macht der Mehrsprachigkeit*. Berlin 2021, S. 44.

133 Ebd., S. 44–62.

134 Brigitta Busch: *Mehrsprachigkeit*. Wien 2013, S. 1.

135 Vgl. Moshtari Hilal und Sinthujan Varatharajah: *English in Berlin*. Berlin 2022.

136 Ebd., S. 121.

137 Vgl. Brigitta Busch: *Mehrsprachigkeit*. Wien 2013, S. 93.

138 »›Lockdown‹ ist der Anglizismus des Jahres«, *Spiegel Online*, 02.02.2021, https://www.spiegel.de/kultur/anglizismus-des-jahres-2020-lockdown-was-sonst-a-8a09b8ab-0ac7-4b3a-b9d4-995acdc178c8

139 Simone Dede Ayivi: »›Wokeness‹ gibt es nicht«, *taz.de*, 08.09.2023, https://taz.de/Kampfbegriffe-der-Rechten/!5957354/

140 Susan Arndt und Nadja Ofuatey-Alazard (Hg.): *Wie Rassismus aus Wörtern spricht: (K)Erben des Kolonialismus im Wissensarchiv deutsche Sprache*. Münster 2011, S. 12.

141 Ebd., S. 13.

142 Sharon Dodua Otoo: »Grammatik«, Goethe-Institut, Januar 2021, https://www.goethe.de/ins/fr/de/kul/soc/ssk/22086828.html

143 Lann Hornscheidt und Ja'n Sammla: *Wie schreibe ich divers? Wie spreche ich gendergerecht?* Hiddensee 2021, S. 28.

144 Juliane Löffler: »Queere Sprache – eindeutig uneindeutig«, in: Gertrud Lehnert und Maria Weilandt (Hg.). *Ist Mode queer? Neue Perspektiven der Modeforschung*. Bielefeld 2016, S. 215.

145 Lann Hornscheidt und Ja'n Sammla: *Wie schreibe ich divers? Wie spreche ich gendergerecht?* Hiddensee 2021, S. 45.

146 Siehe: https://www.dbsv.org/gendern.html

147 Lena Völkening: *Gendern – Warum wir die Flexibilität des Sprachsystems nutzen sollten.* Münster 2022, S. 98.

148 Mirjam Nuenning und Sharon Dodua Otoo: Vorwort zu Octavia Butler: *Kindred – Verbunden.* Berlin 2016, S. 26.

149 Susan Arndt und Ulrike Hamann: »Mohr_in«, in: Susan Arndt und Nadja Ofuatey (Hg.): *Wie Rassismus aus Wörtern spricht: (K)Erben des Kolonialismus im Wissensarchiv deutsche Sprache.* Münster 2011, S. 652.

150 Ebd.

151 Roache, S. 197.

152 Evein Obulor und Rosamag (Hg.): *Schwarz wird großgeschrieben.* München 2021, S. 14.

153 Susan Arndt und Nadja Ofuatey-Alazard (Hg.): *Wie Rassismus aus Wörtern spricht: (K)Erben des Kolonialismus im Wissensarchiv deutsche Sprache.* Münster 2011, S. 13.

154 Olga Grjasnowa: *Die Macht der Mehrsprachigkeit.* Berlin 2021, S. 51.

155 Vgl. Geoffrey K. Pullum: »African American Vernacular English is not Standard English with Mistakes«, in: Rebecca Wheeler (Hg.): *The Workings of Language: From Prescription to Perspectives*, Westport 1999, S. 39–58.

156 Siehe: Swantje Unterberg: »Eltern wehren sich gegen Strafarbeit für Drittklässlerin«, *Spiegel Online*, 04.08.2020, https://www.spiegel.de/panorama/bildung/deutschpflicht-an-grundschule-eltern-wehren-sich-gegen-strafarbeit-fuer-drittklaesslerin-a-c235f4e0-e8f4-47a3-b890-b13b3275e23e und »Zwischen Rassismus und Diskriminierung: Die Aussagen der CDU im neuen Jahr«, *fr.de*, 14.01.2023, https://www.fr.de/politik/cdu-rassimus-diskriminierung-silvester-ausschreitungen-deutschpflicht-schulen-merz-92027788.html

157 Vgl. Volker Hinnenkamp: »Semilingualism, Double Monolingualism and Blurred Genres – On (Not) Speaking a Legitimate Language«, in: *JSSE* 4, (2005), H. 1, S. 57–90.

158 »Gendern: Ein Pro und Contra«, Landeszentrale für politische Bildung Baden-Württemberg, März 2024, https://www.lpb-bw.de/gendern#c76345

159 Kim de l'Horizon, Wikipedia, https://de.wikipedia.org/wiki/Kim_de_l%E2%80%99Horizon

160 Kacen Callender: *How do I tell them I love them.* Übersetzt von Anne-Sophie Ritscher. Köln 2022, S. 32.

161 Nadire Biskin: »Borderline«, in: Özlem Özgül Dündar, Mia Göhring, Ronya Othmann und Lea Sauer (Hg.): *Flexen. Flâneusen* schreiben Städte.* Berlin 2019, S. 33–42.

162 Matthew Salesses, Podcast *The Story Blender*, https://open.spotify.com/episode/4skfKcyhf8UpXGTtzGXq6I?si=65f322f695274d8f

163 Manuela Bauer, Andreas Brunner, Hannes Sulzenbacher und Christoph Treiblmayr: »›Warme‹ vor Gericht«, in: *ÖZG* 29 (2018), S. 95f.

164 Sharon Dodua Otoo: *Adas Raum.* Frankfurt am Main 2021, S. 32.

165 Ebd., S. 111.

166 Antjie Krog: *A Change of Tongue*. New York 2003, S. 184.

Anna von Rath lebt in Berlin, wo sie als freie Übersetzerin, Autorin und Diversity Trainerin arbeitet. Bei ihrer vielseitigen Arbeit an der Schnittstelle zwischen Literatur, Forschung und politischer Bildung liegt ihr Fokus auf Postkolonialismus, Intersektionalität und diskriminierungskritischer Sprache.

Lucy Gasser ist in Kapstadt, Südafrika aufgewachsen und lebt seit 2014 in Berlin. Sie ist Juniorprofessorin für Englische Literatur- und Kulturwissenschaften an der Universität Osnabruck. In ihrer Forschung beschäftigt sie sich mit Postcolonial Studies, Kulturen des Globalen Südens und Übersetzung.

Zusammen haben die beiden promovierten Literaturwissenschaftlerinnen 2019 das bilinguale online-Magazin pocolit.com gegründet. 2021 riefen sie die Übersetzungs-App machtsprache.de ins Leben. Für ihre Arbeit wurden sie 2022 mit dem Deep Tech Award und als Kultur- und Kreativpilotinnen ausgezeichnet.